英語のリスニングストラテジー

効果的な学び方の要点と演習

Skills to Become a Better Listener

JACET関西支部リスニングテスト研究会 著

KINSEIDO

はしがき

　世界は今や地球規模で動く時代に入り、日本においても海外留学や海外勤務・駐在だけではなく、外国企業の日本進出、衛星放送、インターネットなど、私たちの日常生活の中で、英語をコミュニケーションの手段として用いる能力が求められるようになってきたと言っても過言ではないでしょう。
　ところが、中学・高校と6年間英語を学習してきたにもかかわらず、英語を聞いても分からない、英語でコミュニケーションができないという大学生が今なお多く見うけられます。また、TOEFLやTOEICのスコアも、日本人の平均値はアジア地域の中でもかなり低い状態が続いています。しかし、外国から日本に来ている留学生や英語教員、さらに一般企業で働いている外国人の場合はどうでしょうか。事前に何年も日本語を学んできたというケースは珍しいようですが、多くの人が日常生活に必要な日本語の会話程度は身につけているようです。どうしてこの様な違いが起こるのでしょうか。この問題の原因を究明し、改善を目指して研究と開発を行うことは、私たち英語教育に携わる全ての関係者にとって緊急の課題であり、重要な使命であると言わなければなりません。
　そこで、大学英語教育学会(JACET)関西支部の「リスニングテスト研究会」では、これまでに『JACET英語中級聴解力標準テスト』を開発し、このテストを全国的に実施してその結果を分析しながら、日本人はなぜ英語が聞き取れないのか、どうすれば聞き取れるようになれるのかについて、研究討議を重ねてきました。
　この研究の成果を基にし、日常の授業実践から得られたリスニング学習上の困難点を整理し、限られた期間で効果的に学習できる方法を提案するのが本書の目的です。これを完成し発行するまでには、研究会メンバーの相当な時間とエネルギーが費やされています。過去数年間にわたり毎月研究会を開催し、厳しい議論を積み重ね、この教材の効果について実際の授業の中で検証を繰り返してきました。

この研究と開発では、リスニングの効果的な学習方略（リスニングストラテジー）を構築し、それに基づく学習方法を例題を通して解説し、その後に多くの練習問題を用意することを基本方針にしました。特に、日本語と英語の音声上の違いに焦点を当て、英語のリスニングに必要と思われるいろいろな要素を分析し、その中から日本人にとって弱点と思われる要素を効果的に補強するための要領を提案しています。英語の音声そのものを聞き取るためのストラテジーから、内容理解のためのストラテジーに至るまで、一貫して何をどのように練習すれば今まで聞いても分からなかった英語が分かるようになるのかを説明しています。説明をよく読んで学習のポイントとコツを理解し、その後に用意された問題が完全に聞き取れるようになるまで繰り返し練習してください。そうすることによって、英語を聞いても分からないという辛い長いトンネルを抜け出し、英語を聞いて分かるというすばらしい世界が開けてくることでしょう。本書がリスニング学習のナビゲーターとなり、リスニングのレベルアップに役立つことを期待しています。

　最後になりましたが、この研究開発および教材編集に際しては、金星堂編集部の皆さんに格別のご指導ご支援をいただきました。ここに執筆者一同心から感謝し、厚く御礼申し上げます。

　この教材はまだまだ改善の余地が残されています。お気づきの点がございましたら、どうかご指摘いただき、ご指導を賜りますようお願い申し上げます。

2000年1月

　　　　　　　　　　　　　　　大学英語教育学会（JACET）関西支部
　　　　　　　　　　　　　　　　リスニングテスト研究会会員一同

Contents

■はじめに　―効果的なリスニング学習のストラテジー／1
　　　　1．英語はなぜ聞き取りが難しいのか
　　　　2．どうすれば聞き取れるようになるのか
　　　　3．リスニングストラテジーとは

Chapter I	英語の音声聞き取りのストラテジー／10
Section 1	英語の音を聞き取る／13
Section 2	単語・句の強勢に慣れる／18
Section 3	文の強勢とリズムに慣れる／24
Section 4	音声変化――消える音に慣れる／29
Section 5	音声変化――つながる音に慣れる／36
Section 6	音声変化――変化する音に慣れる／40
Section 7	外来語と固有名詞を聞き取る／45
Section 8	数字を聞き取る／49
Section 9	意味グループ単位で理解する／56
Section 10	イントネーションの意味を理解する／61

Chapter II　内容理解のストラテジー／66

Section 11	話の要点を理解する／70
Section 12	必要な情報のみを聞き取る／74
Section 13	会話の状況・場所・人間関係を探る／78
Section 14	キーワード・キーファクツを把握する／81
Section 15	話者の意図を推測する／85
Section 16	話の展開を予測する／89
Section 17	論理の展開を把握する(1)／95
Section 18	論理の展開を把握する(2)／101
Section 19	背景知識を活用する／110
Section 20	視覚情報を介して聞き取る／114

■ APPENDIX　得点アップのストラテジー10カ条／122

はじめに
──効果的なリスニング学習のストラテジー

1. 英語はなぜ聞き取りが難しいのか

　日本人英語学習者にとってリスニングの力を伸ばすことは、リーディングやライティングの力を伸ばす以上に困難なことであり、時間がかかるものです。それはどうしてなのでしょうか。ここでは、その主な理由をいくつか考えてみましょう。

(1) 英語と日本語には言語構造上大きな違いがあります。語彙の違いに関する問題、語順の違いなど文法上の問題、リズム、イントネーション、音声変化など音声上の違いに関する問題などは、日本語を母語とする私たちにとって、学習上の大きな障害となっています。

(2) 私たちはこれまで読み書きに重点を置いた文字中心の英語教育を受けてきました。具体的には、多くの単語やイディオムを覚え、文法規則に基づいて日本語を英語へ、英語を日本語へ訳す学習を中心にしてきました。リスニングの学習をしている時に、「見ると分かるのに聞くと分からない」ということがよくあるのではないでしょうか。この学習方法のために、私たちは話し言葉によるコミュニケーションに必要な会話力ばかりでなく、英語を聞き取る力を養成する機会がほとんどなかったのです。

(3) 「生活上，必要性がない」ということも問題にあげられるでしょう。シンガポールやマレーシアでは英語が「第二言語」ですから、聞き取りができないとたちまち日常生活に支障が出ることもあります。しかし、日本に住んでいる限り、英語はあくまでも「外国語」であり、私たちは英語が「さしせまって必要でない」環境で日常生活を過ごしているのです。日常生活の場で英語を聞く時間も、極端に少ないのが現状です。せっかく英語を学習しても、その実力を試す場がほとんどないため、学習意欲や真剣さが持続し

ないのも当然といえるでしょう。

(4) 日本と英語圏との文化的な違いも要因の一つにあげられるでしょう。宗教、文化、風習などについて英語圏に関する背景知識を持たないため、英会話の中で話される内容が理解できなかったり、会話の展開を予測できないことがあります。ネイティブスピーカー同士では分かりきっていることでも、私たちには何のことか分からなかったり、なぜ笑っているのかが理解できず、悔しい思いをすることがよくあります。それは、言葉そのものではなく、言葉の背景にあるニュアンスや、共通理解として持っている文化的な意味あいによるものでしょう。

(5) リスニングの場合は、リーディングと違い、話し手のペースについて行かなければならないので、理解できないことがよくあります。リーディングであれば、単語を調べたり、読み返したり、和訳したりしながら、自分のペースで理解することができますが、リスニングの場合は、聞き手の理解に関係なく一方的に英語が話され、さらに発音の個人差も加わるため、非常に難しくなります。

(6) リスニングテストの場合は、現実の会話と違い、聞き取れなかった部分を相手に聞き返すことができません。さらに、話し手の顔の表情や身振りなどから内容を推測することもできないため、スピーカーから流れてくるテープの音声のみに頼らなければならず、非常に不自然な言語環境での聞き取りになります。

このように、日本に住み、日本の学校で英語を学び、日本語を母語とする学習者にとっては、英語のリスニング能力を向上させるための学習環境は決して恵まれたものとは言えません。従って、ただ英語の授業を受け身的に聞いているとか、自分でテープを何となく聞いているだけでは、リスニングの力を向上させることは困難です。学習者各自が授業ばかりでなく、日頃の生活においても何らかの工夫を凝らして、効果の上がる方法で意欲的に学習することが必要なのです。

では次に、どのように学習すればリスニング力をつけることができるのかについて、一般的な学習の「作戦」または「戦略」を考えてみましょう。

2. どうすれば聞き取れるようになるのか

　限られた時間で効果的にリスニング能力を向上させるためには、ただやみくもに何回もカセットテープやビデオテープを繰り返し聞いたり見たりするだけでなく、しっかりとした学習理論と効果的な学習方法を用いて継続的に学習することが必要です。ここでは、リスニング能力を向上させるための一般的な学習要領と、実際に英語を聞き取る際の要領に分けて考えてみましょう。

（1）リスニングの一般的な学習要領

1. 自分のレベルと弱点を発見する
　　まず、英語検定、TOEFL、TOEIC、G-TELP などの検定試験を受け、自分のリスニング力が現在どれくらいのレベルなのかを知る必要があります。さらに、その診断情報から自分のリスニング能力の弱点を発見し、今後どのような学習方法がよいかを考えるべきです。

2. 聞く量を増やす
　　衛星放送、二ヵ国語放送、海外のラジオ放送、英語の音楽や映画など好きなものを何でも意欲的に継続して聞く習慣を身につけることが必要です。例えば、寝る前にベッドで英語のテープを聞く、通学途中にウォークマンでテープを聞く、授業の空き時間に LL や視聴覚機器を利用してビデオやカセットテープを聞くなど、方法は色々あります。

3. 学習の重点を「質」と「量」に分ける
　　全部は理解できなくても、英語に慣れるためにたくさん聞く「量」の学習と、完全に理解できるまでテープを何度も聞き返す「質」の学習を区別するとよいでしょう。量の学習には、気軽で少しやさしい教材を楽しく聞くのがよいでしょう。しかし、BGM のようにただ英語が聞こえているだけでは効果を上げることは容易ではありません。英語の内容を意識して聞き取ろうとする姿勢が大切です。質の学習にはニュース、スピーチ、ディベート、解説、講義

など内容のしっかりしたものを正確に聞き取る練習が大切です。

4. 英語の自然な発話速度に慣れる（1分間に160〜190語程度）

　速いと感じても動揺せず、内容語（p.24参照）を中心に聞いていれば、次第についていけるようになります。学習者のレベルにもよりますが、日本人学習者を意識して録音された英語ばかり聞いていると、自然に話されたスピードについていくことが困難になります。

　アメリカ人のアナウンサーが1分間にニュースを読む語数で発話速度（wpm）を表すと、だいたい次のように分類できます。これをひとつの目安にして、次第に英語の速さに慣れてください。

　　　速い　　190〜220 wpm（words per minute）
　　　普通　　160〜190 wpm
　　　遅い　　130〜160 wpm

5. 英語の音に慣れる

　実際の発音には個人差があり、さらに色々な音声の変化が起こるので、話し言葉の基本的な特徴を学習し、英語のリズムに慣れるための耳の訓練をする必要があります。英語の歌などをたくさん聞くのもよいでしょう。英米の標準英語ばかりではなく、それ以外の国や地域で話されている英語の発音に慣れることも必要です。

6. 習得した知識や能力を実際に使用できる場を作る

　外国人の先生に英語で話しかける、留学生と友達になる、海外旅行をする、英語を必要とするイベントに参加する、ガイドのボランティア活動を行うなど、英語を実際にコミュニケーションの手段として使う場に積極的に出かけることによって自信をつけ、いっそう高い目標に向かって意欲的に学習することが大切です。

7. 背景知識の習得

　日本語でもいいから、諸外国に関する一般的な知識をできるだけ多く身につけることが必要です。そのためには、できれば英字新聞を読み、広く読書をし、テレビや映画などを見、外国へ旅行するなどによって、諸外国の文化、生活習慣、社会問題、歴史、政治経済、宗教、価値観など常にあらゆる情報を収集することが必要です。

（2）レベル別の学習法

　外国語を効果的に学習するためには、それぞれのレベルにあった教材と学習方法が必要です。ここでは、3つのレベルに分けて、それぞれの学習方法について提案してみました。

1. リスニング力がかなり低い場合（TOEFL 450以下）

　　できることから少しずつ進みましょう。文字を見ながら英語の歌を聞いたり歌ったりして、イントネーション、リズムなどの英語の音声に慣れてください。英会話番組などで英語の基本的な表現を聞き取る練習をしましょう。同時に、ディズニーなどのやさしめの映画などを見たり、日本語字幕付きの映画を見たりするのもいいでしょう。この場合、できる限り何度も同じ映画を見て理解度を高めることをお勧めします。そして、TOEFL 450点以上や英語検定準2級など、自分に合ったレベルでの到達目標を立て、そのためのリスニングの練習問題に取り組んでください。その際、短い文の練習から始めるのがいいでしょう。語彙や文法に自信のない人は、もう一度中学や高校で学習したことを見直してください。この段階では、音として何を言っているのかを単語レベルから少しずつ聞き取る練習をすべきです。さらに、何度聞いても分からないものに関しては、遠慮せず文字で確認してください。聞いた英文をすべて書き取る練習も効果があります。根気よく基礎固めを続けてください。

2. リスニング力がやや低い場合（TOEFL 450～500）

　　できる限り自然な英語をたくさん聞くことを心掛けてください。まず、ラジオやテレビで放送される英語のコマーシャル、天気予報、ニュースなどから、英語を生で聞く練習をすることを勧めます。すでに背景知識のある日本のニュースを英語で聞いたり、できればCNNやBBCのような衛星テレビ放送や、英語の字幕付き映画を見ましょう。同じ映画を3回以上見ることを勧めます。好きな英語の歌を文字を介さずに聞きましょう。TOEFL 500点以上や英語検定2級レベルの到達目標を立ててリスニングの練習をしてください。海外旅行などの計画を立て、そのための教材などでリスニングを学習するのもいいでしょう。将来の就職対策の一部として、

TOEICのリスニング学習に取り組むのもいいでしょう。この段階では、ある程度内容のしっかりしたものを正確に理解する練習をすべきです。

3. リスニング力がある程度ある場合（TOEFL500〜550）

　　実践的なリスニング力を養成しましょう。字幕なしで映画を見たり、海外旅行に行ったり、ネイティブスピーカーの友人を作ったりしてください。海外の語学学校に行くのもいいでしょう。TOEFLやTOEICなどを積極的に受ける予定を作り、目標スコアをTOEFL 550点以上や英語検定準1級レベルに設定し、どんどん問題集などで学習してください。レベルに関係なく好きな映画をたくさん見ましょう。BBC、ABC、CNNなど色々なニュース番組を見ましょう。海外留学をはじめ、外交官、商社マン、英語教師、パイロット、フライトアテンダントなど英語が必要な職種の入社試験で要求されるレベルのリスニング力を養成しましょう。この段階では、学習者各自がある程度学習方法を確立しているでしょうが、現状に満足せず常に一つ上のレベル、より高い資格を目指してください。

　ここで大切なことは、自分が学習する上で無理なく楽しんで学習できるようにすることです。いくらがんばってやってみても、途中でやめては意味がありません。「継続こそ力」なのです。その後に、「英語が聞いて分かるようになった」という真の喜びが生まれてくるのです。

　では次に、リスニングストラテジーについて具体的に学習していきましょう。

3. リスニングストラテジーとは

　英語によるコミュニケーションにおいて、リスニングをスムーズに行なうためには、ただ受け身的に聞いているだけでなく、あらゆる言語能力を統合的に活用することが必要です。つまり、リスニング力向上のためには、単にテープの反復だけでは不十分であり、何らかのストラテジーを適用して聞き取り練習をすることが必要です。

　ストラテジー（strategy）には、　本来、戦争における「戦略」、または

「技」などの意味があり、元来軍事目的などに関して使われてきた用語です。現在は多様な目的への対策という意味で使われています。簡単に言うと、どうすればより短期間に、効率よく、リスニング力を向上させることができるかについての要領のことで、本書ではこれを「方略」と呼ぶことにします。そこで実際に、日本人英語学習者のための学習方略システムを作りました。まず、リスニングに必要な能力と方略を次の4段階に分類してみました。そして、それぞれの段階におけるリスニングストラテジーをあげ、それらの順序づけをしました。これを読んで、今後のリスニング学習の参考にしてください。

第1段階では、イディオムを含む基本的語彙力と、英文構成力を含む文法力が絶対に必要です。これらなしには、いかなる学習方略を用いても効果は望めません。中学・高校での基本的学習ができていれば問題ないでしょう。高校レベルで学んだ基本語彙が音声で与えられた場合、瞬時にその語句を認識し、意味が分かるところまでマスターしておく必要があります。さらに、日本語と英語の大きな違いとして、語順があげられます。リスニングでは特に、英語の語順のままで意味が理解できる能力が不可欠になります。簡単な英文から始め、音読して英語の語順のままで理解する練習が必要です。また、やさしくて面白い読物を、速読方式でどんどん多読することがたいへん役に立ちま

す。

　第2段階は音声認識のレベルですが、日本語と英語の構造的な違いのため、音声認識が容易ではなく、何を言っているかを聞き取ることができなくなります。この問題を解決するために、次のように細部から全体認識への順序で、音声を聞き取るために必要な項目を確実に積み上げていく**ボトムアップ**方式の学習方略が必要です。

1. 単語の音を聞き分ける。
2. 単語・句の強勢に慣れる。
3. 文の強勢とリズムに慣れる。
4. 短縮・脱落・連結・同化などの音声変化に慣れる。
5. 外来語・固有名詞・数詞を聞き取る。
6. 単語ごとではなく、意味グループ単位で理解する。
7. イントネーションのパターンに注意して、発話の意図や話者の感情をくみ取る。

　上記のリスニングストラテジーを学習することにより、まず最初に音声認識における問題を少しずつ解決し、次の内容理解の段階へステップアップすることができます。

　第3段階は、内容把握のレベルであり、次のように全体把握から細部認識・部分的理解の順序(**トップダウン**)での学習方略が必要です。

1. 発話内容のすべてを聞き取ろうとせず、話のテーマや大意を把握する。
2. 情報として必要な部分のみに注意を集中して聞く。
3. 会話の行なわれている場所・人間関係・状況などを判断する。
4. 話題のキーになる重要語句や事実を探しながら聞く。
5. 話者の意図を推測しながら聞く。
6. 次に何が話されるか予測しながら聞く。
7. 文章構成や論理的展開に注意して聞く。
8. 背景知識を活用する。
9. 視覚情報を介して聞き取る。

　日本人英語学習者は、すべての内容を聞こうとする傾向があり、それが弊害になっています。上記の順序で学習することにより、まず細

かい部分にとらわれずに全体を把握し、その上で少しずつ細かい部分や必要な部分を正確にとらえる練習をし、最終的にはリスニング力全体を向上させることができるのです。

　第4段階は、実践に必要なリスニングストラテジーです。実際の日常生活における様々なタスクに必要な方略(task-oriented strategies)や、リスニングテストを受ける際に必要な方略(test-taking strategies)などがあります。

　1. リスニングテストの問題形式に慣れる。
　2. テスト問題の指示語に慣れる。
　3. 問題文が聞こえる前に、選択肢を読んで質問や話の内容を予測する。
　4. 時事英語などによく出る略語に慣れる。
　5. オフィスや銀行など、さまざまな場面でのビジネス英語の表現に慣れる。
　6. 電話・報道番組・アナウンス・インタビュー・講義などのスタイルの特徴に慣れる。
　7. メモやノートテイキングの要領を覚える。
　8. 生活習慣・文化・価値観・社会通念などの違いに注意する。

　リスニング力向上のためには、上にあげた学習方略による効果的な学習が必要です。これからリスニングストラテジーについての解説を読んで理解し、多くの練習問題に取り組むことによって、一つずつリスニングにおける技を習得していってください。そして、その技を授業外でのリスニング学習にも活用してください。これまでの学習方法では気付かなかった学習上の発見や、思わぬ効果が実感できるでしょう。

Chapter I
英語の音声聞き取りのストラテジー

■ Introduction

　話された言葉を聞いて理解するリスニングには、書き言葉にはない話し言葉独自の音声的特質が加わり、それが書き言葉に比べて意味の理解をより困難にする要因として働いています。それには母音・子音の日英の違い、最小対(p.13参照)、音声変化、強勢とリズム、イントネーション、発話スピード、ポーズ、話し手の発声や発音の特性などが主な特質としてあげられます。その他にも周囲の雑音なども妨げになるでしょう。この Chapter を始めるに当たり、この様な音声的特質を備えた話し言葉を聞き、意味の理解にまで到達するには、どのような過程があり、どのような能力が必要なのかを考えてみましょう。

　一般に、リスニングに関係する重要な要素として、次の3つの分野があると考えられています。まず第1に話された言葉そのものを理解する**言語学的な分野**があります。第2にはジェスチャーや顔の表情などボディーランゲージと呼ばれ、言語外の重要な情報を提供してくれる**非言語的要素の分野**があり、第3に話者と聞き手との人間関係やコミュニケーションの行われる場面や状況によって微妙に変化する**社会言語学的な分野**があります。本書では、第1の言語学的な分野についてのみ、言及したいと思います。

　言語学的側面には(1)話された言葉を聞き取る音声レベル、(2)語順や語と語との関係など文の構造を処理する文法レベル、(3)語句をはじめ文全体の意味を解釈するレベルがあります。この Chapter では話された言葉を聞き取る音声レベルを中心に、文法レベルの要素も関連させながら、リスニングに関する基礎的な学び方の解説と聞き取り訓練を行ないます。

リスニングは、まず聞き手が話された言葉を聞いて、それがどんな音声で構成された言葉であるかを知覚することから始まります。

例えば、Turn right at the next traffic light. という文を聞いた場合、次のような音声的要素を即座に知覚し、それ以外の音声ではないことを認識し、記憶しておかなければなりません。

1. 下線部(1)は right [rait] であり、下線部(2)の light [lait] とは違う音声であると識別すること。
2. right や next の語末の [t] はほとんど聞こえないので、[rai]、[neks] のように聞こえることが多いが、right、next であると認識すること。
3. next の [t] と traffic の [t] が隣接しているため、next の [t] が脱落してネクストゥラフィック[neks træfik] のように聞こえるが、これは next traffic であると聞き取ること。
4. next traffic light は一つの意味グループとして一つに続けて発音されること。
5. at と the は機能語（p.24 参照）として弱形（p.36 参照）で発音されるため明瞭には聞こえなくても、文の内容や文構成の観点から機能語を補って理解すること。

次に、このようにして認識された音声と、それらが表わす辞書的意味とを結びつけ、語順や文型など文の構造に関する知識を瞬時に総動員して、この文の意味の理解につなげることになります。このような文法レベルと意味解釈レベルの能力は、書き言葉同様、話し言葉の理解にも必要です。

いかなる場合でも文処理の前提条件としてもっとも必要なことは、語彙力と文の構成に関する文法力です。単語や熟語の意味が分からないとか、基礎的な文法が分からないという状態では、とうてい意味の理解には到達できません。

さらに、強勢やイントネーション、ポーズなどは、話された言葉に話者の感情や意図を表わす要素として重要な働きをするので、話された言葉の意味を正確に理解するために学習しなければなりません。

このような視点から、Section 1 と 2 ではまず単語・句レベルの音

11

声の聞き取り要領、Section 3 では内容語と機能語から成る文の強勢とリズムの問題、Section 4 から 6 までは、実際のコミュニケーションの場面や状況によっていろいろに変化する音声変化のメカニズムを解説し、それらを聞き取るための訓練をします。Section 9 ではひと固まりの音となって発音される意味グループを聞き取る練習、Section 10 ではイントネーションが表わす意味合いについて学習します。

　カタカナ言葉として私たちが日本語の中で日常よく使っている外来語は、日本語的な発音に変えて使っていることが多いため、その言葉が本来の発音で話されると聞き取れないことがよくあります。Section 7 と 8 では外来語やニュース番組等よく出てくる固有名詞および数詞の聞き取り要領を説明し、多くの練習問題を設けています。

　各 Section では、最初にそれぞれの Section で扱う項目を紹介し、例題によって聞き取りのストラテジーを解説した後、多くの練習問題を用意しています。自然に話された英語を正確に聞き取る秘訣を学習し、例題と練習問題を吹き込んだ音声テープを何度も聞きながら耳の訓練を徹底的に行なってください。最初はテキストを見ながら何度も反復してテープを聞き返し、最終的には音声を聞いただけですべてが完全に理解できるところまで根気よく学習してください。

　この Chapter ではリスニングに必要な音声レベルの基礎的な学習と、色々に変化して発音される音声英語を聞き取るための要領を学び、耳の訓練を行うことが目的です。これは前に述べたボトムアップ方式による学習です。しかし、このような耳の訓練だけがリスニングの能力を養成するための最終目標ではありません。これは、あくまでも Chapter II で扱う「内容理解のストラテジー」を学習するための予備学習です。音声英語に関する基本的な知識と聞き取る能力を一つずつ段階を経て確実に積み上げていけば、今まで聞こえなかった英語が分かるようになり、自信と喜びが感じられるようになることでしょう。

Section 1

英語の音を聞き取る

　英語でテレビや映画、そして日常の会話を聞き取りたいと誰もが思うでしょうが、そのためには、まず個々の音や子音連鎖（2つ以上の子音の連続）を正確に聞き取る力が必要です。英語には、日本語よりもはるかに多くの母音や子音があるので、発音するにも聞き取るにも、相当な努力がいります。

　子音を例にとれば、練習して慣れていないと、sip と ship は同じように聞こえますし、sit down と言うべきところを shit down と言う人も少なくありません。light と right、think と sink の区別も日本人学習者には困難な例として知られています。母音に関しても同様で、日本人はよく apple の [æ] も up の [ʌ] もすべて「ア」と発音しますが、英語では全く異なる別の音なのです。

　一つの音が違うだけで、単語や文の意味が全く異なる音声の対を**最小対**といいますが、たとえば上の light と right などはその例です。英語にはこの最小対が非常に多く、それだけに一つの音もおろそかにしてはいけないのです。

　個別の音だけでなく、音の連なり（連鎖）も大きく違います。日本語では、母音の「ア、イ、ウ、エ、オ」と「ン」以外は、「子音＋母音」の組み合わせが1音と意識されていて、さらにそれを子音と母音に分けることをしないので、子音が2つ以上連なることがありません。たとえば、hantai（反対）という語では n と t が連なりますが、このようなものはむしろ例外的で、普通は himawari（ひまわり）のように子音と母音が交互に現われます。

　一方、英語では、母音を入れずに子音が3つ、4つと続くことも珍しくありません。<u>str</u>ong、<u>scr</u>oll、ab<u>str</u>act などの下線部がその例です。日本では、たとえば野球で母音の1つしかない strike [straik] を「ストライク」（su・to・ra・i・ku）と発音するのも、日本語の特徴が原因です。

lとrの違いや、batとbutの母音の違いを知って正しく発音できるようになれば、聞き取ることもずっと容易になるはずです。それと同様のことが、子音の連鎖の場合にも当てはまるので、正しく発音し、正確に聞き取る練習をしてください。

1. 母音

例題 1

母音では個人差があるので、だれもが同じ発音をするとは限りませんが、これから聞くのはアメリカ英語の標準的な発音の一例です。スペリングとの関係で紛らわしい単語に注意してテープを聞いてみましょう。

w<u>ea</u>k　　im<u>a</u>ge　　b<u>a</u>se　　b<u>u</u>ry　　sw<u>ea</u>t　　m<u>a</u>t　　h<u>u</u>rt　　w<u>o</u>man　　w<u>o</u>rk
<u>o</u>ven　　c<u>oo</u>l　　<u>ow</u>l　　h<u>ea</u>rt　　w<u>ou</u>nd　　s<u>ou</u>thern　　w<u>oo</u>l　　b<u>ou</u>ght　　w<u>a</u>lk

では次に、テープについて発音してみましょう。

例題 2

次の各組の単語の発音の違いに注意して、テープを聞いてみましょう。

1. h<u>a</u>t	h<u>o</u>t	2. l<u>a</u>ck	l<u>o</u>ck
3. h<u>u</u>rt	h<u>ea</u>rt	4. h<u>ea</u>rd	h<u>a</u>rd
5. b<u>ou</u>ght	b<u>oa</u>t	6. l<u>aw</u>	l<u>ow</u>
7. f<u>ee</u>l	f<u>i</u>ll	8. l<u>ea</u>ve	l<u>i</u>ve
9. f<u>oo</u>l	f<u>u</u>ll	10. p<u>oo</u>l	p<u>u</u>ll
11. t<u>e</u>st	t<u>a</u>ste	12. s<u>e</u>ll	s<u>ai</u>l
13. sh<u>o</u>t	sh<u>u</u>t	14. d<u>o</u>ll	d<u>u</u>ll

では次に、テープについて発音してみましょう。

2. 子音

例題 3　語頭の子音

各組の単語の最初に出てくる二つのよく似た子音を練習します。下線部に注意して、テープを聞きましょう。

1. 英語の音を聞き取る

1. late	rate	2. lead	read
3. light	right	4. long	wrong
5. hair	fair	6. hall	fall
7. hate	fate	8. heat	feet
9. she	see	10. sheet	seat
11. shin	sin	12. ship	sip
13. berry	very	14. best	vest
15. boat	vote	16. ban	van
17. sing	thing	18. sick	thick
19. sink	think	20. sin	thin

では次に、テープについて発音してみましょう。

例題 4　語中の子音

語中に来る子音は、shopping のように同じ子音字を重ねて綴られることがよくあります。これは「ショピング」と発音されますが、「ショッピング」と促音で詰まって発音するものと思い込んでいると聞き取れない場合があります。子音の文字が重なっていても、子音字一つとして発音されますので、注意が必要です。
いくつかの練習をしてみましょう。

apple	happy	shopping	setting	cotton	batter	hitter
message	mission	passion	session	essence	essay	hammer
comma	mammoth	channel	winner	runner	upper	piccolo

その他として、カタカナ言葉としての発音と英語本来の発音の違いに注意しましょう。

kitchen　　pitcher　　nickel　　tackle

例題 5　語末の子音

語末の子音は、非常に聞き取りにくいものです。特に、文末ではほとんど聞こえない場合もあります。下線部に注意してテープを聞きましょう。

1. map	stop	soup	2. club	tube	globe
3. sit	foot	debt	4. card	fade	could
5. clock	luck	sick	6. flag	plug	league
7. chief	leaf	rough	8. birth	mouth	path

9. brea<u>the</u>　　ba<u>the</u>　　clo<u>the</u>　　10. ca<u>ll</u>　　mai<u>l</u>　　pu<u>ll</u>

では次に、テープについて発音してみましょう。

例題 6　子音連鎖

これから行なう練習では、1 には語頭に、2 には語中に、3 には語末に子音連鎖のある単語が並んでいます。英語が得意な人でも clo<u>thes</u> の下線部のように子音が続くとき、母音を入れずに発音するにはかなりの注意が必要です。以下の例の下線部の子音連鎖に特に注意して、まずテープを聞きましょう。

1. <u>str</u>aight　　<u>scr</u>eam　　<u>sn</u>ow　　<u>sl</u>ow　　<u>sw</u>itch
   <u>tr</u>eat　　<u>thr</u>oat　　<u>cr</u>ystal　　<u>dr</u>ama　　<u>cr</u>edit

2. a<u>ngr</u>y　　fa<u>ct</u>ory　　chi<u>ldr</u>en　　illus<u>tr</u>ate　　A<u>pr</u>il
   a<u>bstr</u>act　　e<u>ndl</u>ess　　co<u>ngr</u>ess　　Aus<u>tr</u>alia　　co<u>nfl</u>ict

3. te<u>xt</u>　　si<u>xths</u>　　fa<u>cts</u>　　be<u>ds</u>　　clo<u>thes</u>
   bu<u>lb</u>　　si<u>ngle</u>　　ca<u>ble</u>　　gu<u>lf</u>　　pi<u>ckle</u>

では次に、テープについて発音してみましょう。このような単語の発音は、自分は気付かなくても余分な母音が入っていることがあります。いつも心がけて正しい発音をし、聞き取りにも役立てるようにしましょう。

練習問題 1

テープを聞き、発音された語を○で囲みましょう。

1. heat　　hit　　　　2. wet　　weight
3. cat　　cut　　　　4. fan　　fun
5. add　　odd　　　　6. ankle　　uncle
7. boat　　bought　　8. heard　　hard
9. fur　　far　　　　10. burn　　barn

練習問題 2

テープを聞き、発音された語を○で囲みましょう。

1. lake　　rake　　　2. light　　right
3. glass　　grass　　4. play　　pray
5. sink　　think　　6. seem　　theme

1．英語の音を聞き取る

7. day	they	**8.** Zen	then
9. sip	ship	**10.** see	she

練習問題 3

テープを聞き、単語を完成してください。ただし、一文字とは限りません。

1. cla _____   **2.** cu _____

3. mo _____   **4.** ca _____

5. flo _____   **6.** ca _____

7. cu _____   **8.** cla _____

9. mo _____   **10.** flo _____

Section 2

単語・句の強勢に慣れる

　みなさんは英語を聞いていて、知っている単語でも自分が思っているのとはかなり違っていることに気づいて、アレッと思ったことはありませんか。たとえば、potato [potéitou] という単語では、[ei] が他の部分よりもきわだってよく聞こえるように発音されるので、「英語って、日本語とはかなり違うんだな」と感じた人もいるかもしれません。このように、英語では単語の中のある部分が他の部分よりもずっと強く発音されることがあります。

　辞書では、potato は po•ta•to と書かれています。この「•」の印で分けられている一つ一つの部分を**音節**(syllable)といいます。英語では、音節が2つ以上ある単語の場合、その中のいずれかの音節が他の音節よりも強く発音されます。さらに、ある音節が、他の音節より高く長く発音されるのが普通です。これを、その音節に**強勢**(stress)があると言います。一般に、強勢はアクセントと言われていますが、この本では一貫して強勢という表現を用います。

　強勢は、単語だけでなく、句の中に置かれることもあります。この場合も、強勢によって英語の聞き取りが難しくなることがあるので、この Section では、英語の単語・句の強勢に慣れる練習をします。

1. 単語レベルの強勢に慣れる

　単語の中で他よりも強く長く発音される音節は耳に残りやすく、強勢の置かれていない音節はより弱く短く発音されるので、聞き取りが難しくなります。したがって、強勢に注意を払う習慣をつけ、そのことによって単語の音の強弱、長短に慣れる必要があるのです。

　例題 1

　次の外来語を日本語の発音で何回か言ってみてください。

2．単語・句の強勢に慣れる

1. ゴリラ　　**2.** オーケストラ

どちらもほとんど強勢はなく、一字一字がほぼ同じ強さ、長さになっています。

では次に、1、2のもとになっている単語の発音を、強勢がどこにあるかに注意して聞いてみてください。

3. go•ril•la　　**4.** or•ches•tra

3は第2音節のrilに、4は第1音節のorに強勢があります。もう一度、それぞれの発音を聞いて、強勢のある部分とない部分の違いに注意を払ってみてください。強勢のある音節がより長く聞こえ、強勢のない音節がより短く、よりあいまいな響きで聞こえます。そして、日本語の発音と英語の発音とでは、全体としてずいぶん違って聞こえることが分かったと思います。

単語を聞くとき、強勢のある部分を発見し、同時にその音が何であるかを聞き取るように注意します。そして、強勢のない部分の音の聞こえ方も考慮して、どんな単語であるか考えてみてください。このような意識的な聞き方を繰り返すことで、徐々に単語が聞き取れるようになっていくのです。

練習問題 1

はじめに、それぞれの単語のもっとも強く発音されると思われる音節の番号に○をつけてください。次に、テープを聞いて、もっとも強く発音されている部分の番号を□で囲んでみましょう。

1. アクセサリー　　ac•ces•so•ry
　　　　　　　　　1　2　3　4
2. カンガルー　　kan•ga•roo
　　　　　　　　1　2　3
3. テクノロジー　　tech•nol•o•gy
　　　　　　　　　1　2　3　4
4. エスカレーター　　es•ca•la•tor
　　　　　　　　　　1　2　3　4
5. デザート　　des•sert
　　　　　　　1　2
6. パーセント　　per•cent
　　　　　　　　1　2
7. スパゲッティ　　spa•ghet•ti
　　　　　　　　　1　2　3
8. ボランティア　　vol•un•teer
　　　　　　　　　1　2　3
9. ペナルティ　　pen•al•ty
　　　　　　　　1　2　3
10. インフルエンザ　　in•flu•en•za
　　　　　　　　　　1　2　3　4

テープを聞いてここが一番強く発音されていると思ったところが、

はじめの予想と違っていたものもあったかもしれません。また、単語の発音が、外来語の発音とかなり違っていると感じた人もいるかもしれません。いずれにせよ、強勢に注意して、単語全体の聞こえ方に耳を慣らしていくことが重要です。

練習問題 2

テープを聞いて、それぞれの単語のもっとも強く発音されている音節の番号を○で囲みましょう。

1. del•i•cate
   1 2 3
2. de•moc•ra•cy
   1 2 3 4
3. e•lec•tric
   1 2 3
4. e•lec•tron•ic
   1 2 3 4
5. des•ert
   1 2
6. ap•par•ent
   1 2 3
7. com•fort•a•ble
   1 2 3 4
8. pat•tern
   1 2
9. con•trol
   1 2
10. e•co•nom•ic
    1 2 3 4
11. pol•i•tics
    1 2 3
12. sci•en•tif•ic
    1 2 3 4

advice [ədváis] や例題でとりあげた gorilla [gərílə] は、共に第1音節には強勢のない [ə] の音があり、第2音節に強勢があるので、慣れていないと単語のはじめの部分が聞き取れないかもしれません。このように強勢のない音節（弱音節）の次に強勢のある音節（強音節）がくる単語で、弱音節の部分に [ə] を含むものは、日本人にとって聞き取りにくいことがしばしばあります。そこで、次の練習問題では、このようなタイプの単語の聞き取りをしてみましょう。

練習問題 3

テープを聞いて、それぞれの単語を書き取ってみましょう。

1. (   )   2. (   )
3. (   )   4. (   )
5. (   )   6. (   )
7. (   )   8. (   )
9. (   ) 10. (   )
11. (   ) 12. (   )

2. 句レベルでの強勢に慣れる

　いくつかの単語が結びついて文や句になると、難しい単語は一つも入っていないのになぜか聞き取りにくくなることがよくあります。それには強勢の問題が大きく関わっています。英語の強勢とリズムに関しては次のSectionで詳しく扱いますので、ここではまず強勢に注意しながら句レベルで聞き取り練習を行ないましょう。

|例題　2|

　次の例を聞いてみましょう。

1. into, the, house　　⇨　into the hóuse
2. turn, it, over　　　⇨　turn it óver
3. get, rid, of, them　⇨　get ríd of them
4. a, cup, of, tea　　 ⇨　a cup of téa
5. toward, the, end　 ⇨　toward the énd
6. check, it, out　　　⇨　check it óut

　句になると、各単語が個々に発せられたときとは発音がかなり異なっています。意味上のまとまりをなす単位は、通常一気に発音されます。そして、その中でも強勢が置かれて特に強くはっきりと発音される部分と、弱く短めに発音されて比較的聞き取りにくくなる部分がでてきます。時には、例題2の1　intoや5　towardのように、単語レベルのときには強勢のあった音節も、句以上のレベルになると弱く短めに発音されることもあるのに注意しましょう。このように句レベルの聞き取り練習では、強勢のない音節の発音に慣れ、個々の単語を聞き取ることにとらわれすぎず、意味上のかたまりは音のかたまりとしてとらえることが大切です。

　一般に冠詞、助動詞、前置詞などの機能語(p.24参照)は、強勢が置かれることのあまりない単語だと言われています。例えば、in Tokyoのような前置詞と名詞の組み合わせでは、名詞であるTokyoが特に強く発音されます。次にいくつかの例をあげてまとめてみます。

例題 3

次の例を聞いてみましょう。

1．前置詞＋名詞：名詞のほうに強勢
　(1) in Japán　　(2) by táxi　　(3) with pléasure
2．助動詞＋動詞：動詞のほうに強勢
　(1) may gó　　(2) must gó　　(3) can léarn
3．冠詞＋名詞：名詞のほうに強勢
　(1) a létter　　(2) an órange　　(3) the stóry

練習問題 4

テープを聞いて、聞こえたまま発音してみましょう。次にもう一度テープを聞いて解答欄に書き取り、それを確認しましょう。最後にテープについて発音してみましょう。この時、各単語の発音にとらわれず、かたまりとして発音するよう心がけてください。

1. _____　　2. _____
3. _____　　4. _____
5. _____
6. _____　　7. _____
8. _____　　9. _____
10. _____
11. _____　　12. _____
13. _____　　14. _____
15. _____

練習問題 5

テープをよく聞いて、文中の空所を完成しましょう。さらに句の部分に注意して発音の練習もしてみましょう。

1. We need (　　　　　　　　　　).
2. I'll be back (　　　　　　　　　　).
3. I'm going to visit (　　　　　　　　　　) in New York.
4. I stayed there (　　　　　　　　　　).
5. We are (　　　　　　　　　　).

Section 3

文の強勢とリズムに慣れる

　英語と日本語とはそれぞれ違うリズムで話されます。英語では、一つの文は強勢を受ける語と受けない語とからなっており、強勢を受ける音節が時間的に等間隔に現われるという傾向があります。これが英語の発音を日本語より速いものと感じたり、聞き取りを困難にしている原因の一つでもあります。英語特有のリズムを理解することにより、そのリズムに慣れ、英語の聞き取りをスムーズに行なえるようになることがこのSectionの目標です。では、いくつかの例を使って、英語のリズムがどのように成り立っているかを考えてみましょう。

　　　The dress is nice and soft.
　　　　・　　●　　・　●　・　●

　ここでは、音節の強弱を丸と点で表わしており、大きい黒丸（●）は強勢を受ける音節、小さい点（・）は強勢の弱い音節を示しています。強勢を受ける音節は、一般に内容語にあり、強勢の弱い音節は機能語にあります。**内容語**とは、それ自体に具体的な意味内容（語彙的意味）を持つ語のことで、この文の場合ではdress（名詞）、nice（形容詞）、soft（形容詞）です。これに対して、**機能語**とは、語彙的意味よりも主に文法的な機能を果たす語のことで、例文ではThe（冠詞）、is（be動詞）、and（接続詞）です。上の例では、強勢を受ける音節と受けない音節が交互に並んでいるので、時間的に等間隔な強勢のリズムがわかりやすく表われています。では、もう少し複雑な文ではどうでしょうか。

　　　The cake which was sold in the store was sweet and delicious.
　　　　・　●　　・　・　●　・　・　●　　・　●　　・　●　・

　この文では、最初の文と違って黒丸と点とが不規則に並んでいます。しかし、黒丸の間に点がいくつあっても、実際には最初の文と同様に、強勢を受ける音節は時間的にほぼ等間隔に現われます。つまり、cakeからsold、soldからstore、storeからsweet、sweetからdeliciousはほとんど同じ時間をかけて話されます。

3．文の強勢とリズムに慣れる

これに対して、日本語にはこのようなリズムはありませんので、どの音節もほぼ等しい長さ、そして強さで発音され、音節の数だけ時間をかけて話されます。では、次の文でそれを確認してみましょう。

　　　Kononekowa sakanaga sukidesu.　「このネコはさかなが好きです。」
　　　○○○○○　○○○○○　○○○○

ここでは、白丸（○）が音節の数と強さを表わしています。同じ大きさの丸が並んでおり、日本語は英語と比べて平坦なリズムを持っていることがわかります。

それでは、これから英語のリズムに慣れるための練習を行ないましょう。

> 例題　1

テープを聞く前に、強勢を受ける音節を予想し、強勢のマーク（´）を母音の上に書きましょう。

　　　Girls eat cookies.
　　　The girls eat the cookies.
　　　The girls are eating the cookies.
　　　The girls have eaten some cookies.
　　　The girls will have eaten some of the cookies.

では、テープを聞いて強勢を受ける音節を確認しましょう。

各文において、強勢を受ける音節はいくつありましたか。5文とも3つの強勢のマークがあれば正解です。マークを付ける単語は、Gírls（または gírls）、éat（または éating、éaten）、cóokies が正解です。Girls（または girls）と eat（または eating、eaten）と cookies の間はそれぞれほぼ同じ時間をかけて話されます。

> 例題　2

テープから聞こえる単語を聞き、文の内容を予想してみましょう。

テープから聞こえてきた語はすべて内容語で、Yumi、moved、new、house、August、1st でした。まず、これらの語から、Yumi moved to a new house on August 1st.「ユミは8月1日に新しい家へ引っ越した」

という内容が簡単に想像できるでしょう。次に、Yumi（主語）と moved（動詞）の間にいくつかの機能語があると考えてみると、次のような文も考えられるでしょう。

 Yumi <u>had</u> moved to a new house by August 1st.
 「ユミは 8 月 1 日には新しい家へ引っ越していた。」（過去完了）
 Yumi <u>will have</u> moved to a new house by August 1st.
 「ユミは 8 月 1 日までに新しい家へ引っ越しているでしょう。」（未来完了）

このように、いくつかのパターンを考えることが出来ますが、ユミという人物が 8 月 1 日に新しい家へ引っ越す、という事実はどの文でも同じです。したがって、内容語を聞き取ることで、おおよその意味をつかむことができるのです。

|例題　3|

テープを聞いて、内容語を書き取りましょう。

_____

_____

内容語を書き取るためには、強く、長めに読まれている語に注意することが大切です。例題では、In Japan, there are many people who are interested in traveling abroad. という文でしたが、内容語は、Japan、many、people、interested、traveling、abroad の 6 語です。

|例題　4|

テープを聞く前に、強勢を受ける音節を予想し、強勢のマーク（´）を母音の上に書きましょう。

1. She can't play the piano.
2. Tom will attend the meeting tomorrow.
3. Who did you write the letter to?

では、実際にテープを聞いて強勢を受ける音節を確認しましょう。

1. She can't play the piano.
 この文では、cán't（助動詞の否定形）、pláy（動詞）、piáno（名詞）の 3 語が強勢を受けます。can't のように、否定を表す語は強勢を受

けることに注意しましょう。

2. Tom will attend the meeting tomorrow.
この文では、Tóm（名詞）、atténd（動詞）、méeting（名詞）、tomórrow（副詞）が強勢を受けます。attend、meeting、tomorrowのような2音節以上の内容語では、強勢を受ける音節がどの音節になるかということに注意しましょう。

3. Who did you write the letter to?
この文では、Whó（疑問詞）、wríte（動詞）、létter（名詞）、tó（前置詞）が強勢を受けます。to（前置詞）は機能語ですが、文末にくる機能語は、リズムを整えるために強勢を受けることがあります。

練習問題 1

テープを聞く前に、強勢を受ける音節を予想し、強勢のマーク(´)を母音の上に書きましょう。

1. Boys sell flowers.
2. The boys will sell the flowers.
3. The boys are selling some flowers.
4. The boys have sold some of the flowers.
5. The boys have been selling some of their flowers.

では、テープを聞いて強勢を受ける音節を確認しましょう。

練習問題 2

強勢を受ける語と語の間にくる語を空欄に補ってみましょう。ただし、1語とは限りません。

1.   Cats   catch   mice.
2. (   ) cats (   ) catching   mice.
3. (   ) cats (   ) catch (   ) mice.
4. (   ) cats (   ) caught (   ) mice.
5. (   ) cats (   ) catching (   ) mice.

練習問題 3

内容語だけを聞き、文の意味を予測してみましょう。日本語で答えてください。

1. _____
2. _____
3. _____

練習問題 4

テープを聞き、内容語を書き取りましょう。

1. _____
2. _____
3. _____
   _____

練習問題 5

テープを聞きながら、強勢を受ける音節の母音の上に強勢のマーク(´)を書きましょう。文末の数字が、強勢を受ける音節の数です。

1. I like your dress. （2）
2. Kate is watching the news on television. （4）
3. The cat is loved by everyone. （3）
4. Peter was reading a magazine. （3）
5. The team was expected to win the game. （4）
6. Tom has studied French for five years. （5）
7. I hope that my parents will enjoy the concert tonight. （5）
8. Look it up in the dictionary, and tell me its meaning. （5）
9. I know the man who is playing the guitar because he is a friend of my sister's. （6）
10. Even though the weather is bad, the festival will be held tomorrow. （6）

Section 4

音声変化——消える音に慣れる

1. 日常会話でよく起こる音声変化とは

　私たちはこれまで主として「文字」を通して英語を勉強してきました。リスニングの際もかなり「文字」を意識しがちです。そして、それぞれの単語が明瞭な形で発音されることを前提としているようです。しかし、ネイティブスピーカーによる日常会話では、音は多様に変化して聞こえます。それぞれの単語の明瞭な発音を期待していても、短縮して発音されたり、単語と単語がつながって一つのかたまった音のように聞こえたり、別の語句のように変化して発音されたり、時には単語の一部がほとんど聞こえない場合もあるのです。この様に多様な音声変化に慣れていないと、私たちは全く知らない単語から成る会話を聞いているような気がして戸惑ってしまうものです。リスニングの力を向上させるためには、日常会話における多様な音声変化の具体的な例をたくさん聞き、できる限り慣れ親しむことが必要です。変化した音に慣れさえすれば聞き取れるはずです。
　Section 4、5、6ではこの様な音声変化について学びますが、まず最初に次の会話を聞き、抜けている語句を空所に補充する例題からやってみましょう。

| 例題 1 |

　テープを聞いて、会話の空所を完成してください。
A: Hi, guys. How are you today?
B: (1.　　　　　) good, thanks.
A: What (2.　　　　　) like to drink?
B: I (3.　　　　　) glass of beer.
A: (4.　　　　　)?
C: (5.　　　　　) have some (6.　　　　　).
A: O.K. Then, what (7.　　　　　　) like to eat?

B: I'm (8.   ) have a Teriyaki burger.
C: Fish (9.   ) chips for me, please. And
     (10.   ) coffee, later.
A: All right. Good.
B: Thanks.
A: You're welcome.

空所1～10に入る語句について説明しましょう。

(1) 空所1、6について

　1はPrettyです。この単語の本来の発音は[príti]ですが、[ti]の発音が「リ」に近い音に変化する傾向があるため、「**プリリ**」のように聞こえます。このような音声の変化は、特にアメリカ英語の特徴と言われています。6のwaterが「**ワラ**」のように聞こえるのも同様の音声変化が起こっているからです。

(2) 空所2、4、7について

　2と7はどちらもwould youの2語が続いて発音されたものですが、wouldの[d]とyouの[j]とが続いて発音されると「ジュ」のように変化して聞こえます。4のAnd youについても同様の変化が起こっています。

(3) 空所3、8について

　3はwant aですがwant aが速く読まれると、変化して「**ワナ**」と聞こえることがあります。8はgoing toが変化して「**ガナ**」と発音されています。くだけた会話やポップミュージックでよく耳にする音です。

(4) 空所5について

　5はI willが短縮形I'll [ail]で発音されたものです。このような短縮形は日常会話では常に使われています。

(5) 空所9、10について

　9はand、10はa cup ofですが、どちらも意味上のかたまりや決まり文句、イディオムなど必ず続けて発音される場合に起こる音の連

結です。9の Fish and chips は魚のフライとポテトフライをセットにした英国のポピュラーな食べ物です。10の a cup of は日本語の「一杯」にあたる言葉です。cup の子音 [p] と of の弱い母音 [ə] とがつながって「パ」となりますので、「ア**カ**ッパ」のように聞こえます。

このように、文字を見れば簡単に分かる語句も、実際の会話ではかなり変化して発音されていることが分かるでしょう。Section 4 では、このような音声変化の一つとして、「消える音」について学習します。

2. 消える音に慣れる

(1) **短縮形の発音**
　　２つの単語が短縮形で発音される日常会話では、一般に主語となる人称代名詞や疑問詞と be 動詞や助動詞とがつながり、短縮形として発音されます。

|例題　2|

テープを聞いて、短縮形の発音に慣れてください。

1. I'm	＿＿＿	I am	2. I'll	＿＿＿	I will
3. You've	＿＿＿	You have	4. I'd	＿＿＿	I had
5. I'd	＿＿＿	I would	6. He's	＿＿＿	He is
7. He's	＿＿＿	He has	8. She'll	＿＿＿	She will
9. She'd	＿＿＿	She had	10. She'd	＿＿＿	She would
11. That's	＿＿＿	That is	12. That'll	＿＿＿	That will
13. What's	＿＿＿	What is	14. What'll	＿＿＿	What will

|例題　3|

テープを聞いて、否定語 not の短縮形の発音に慣れてください。

1. I won't	＿＿＿	I will not
2. We wouldn't	＿＿＿	We would not
3. You can't	＿＿＿	You cannot
4. He hasn't	＿＿＿	He has not

5. We hadn't ____ We had not
6. You aren't ____ You are not
7. He doesn't ____ He does not
8. We didn't ____ We did not
9. She mustn't ____ She must not
10. They shouldn't ____ They should not

短縮されると、同じ音に聞こえても実は違う場合があります。そんな時は文法や前後関係から判断するようにしてください。

例題 4

テープを聞いて、文中の空所を完成してください。
1. (   ) a teacher.
2. (   ) been to America.
3. (   ) like to travel to Finland this summer.
4. (   ) better study hard.

練習問題 1

テープを聞いて、文中の空所を完成してください。
1. He (   ) a liar.
2. (   ) this?
3. (   ) be there.
4. I (   ) eat tomato.
5. (   ) been in Kyoto since last May.
6. *A:* (   ) thirty years old. (   ) single. But he has a girlfriend.
   B: Is that true?
7. *A:* Do you know Yuki would like to travel to Europe? I think
   (   ) better not travel alone.
   B: Why not? (   ) already twenty years old.

4．音声変化——消える音に慣れる

(2) **単語の一部が消える場合**

次のような場合には、音が消えて聞こえなくなることがよくあります。

1）**強勢のつかない母音は聞こえない**

強勢のつかない音節の母音は、明瞭に聞こえないことがよくあります。では次の例題を聞いてみましょう。

|例題 5|

テープを聞いて、それぞれの発音に慣れてください。

about,　　ab̲ove,　　al̲oud,　　im̲agine,　　ig̲nore,
sup̲pose,　　em̲ploy,　　ob̲ey,　　Am̲erica,　　ap̲ply

例えば、about や above の場合、語頭の [ə] には強勢がつかないので、ほとんど聞こえないため、about は「**バウ**」、above は「**バヴ**」のように聞こえます。American が「**メリケン**」と聞こえたのもこのためです。

2）**合成語内で連続する子音の片方は聞こえない**

step と mother が合成されてできた stepmother の [p] のように、[p] [b] [t] [d] [k] [g] などの子音の後に、他の子音が連続する場合は、先の子音が聞こえないことがあります。従って、stepmother の場合は「**ステッマザ**」のように聞こえます。では次の例題を聞いてみましょう。

|例題 6|

テープを聞いて、それぞれの発音に慣れてください。

step̲father,　　pos̲tbox,　　book̲shelf,　　land̲lady,
land̲scape,　　was̲tepaper,　　top̲-secret,　　cam̲pfire

3）**語中の [t] は聞こえない**

twenty のように、強勢のつく母音と強勢のつかない母音の間にある [nt] では、[t] の音が消えてしまい、「**トゥエニー**」のように聞こえることがあります。では次の例題を聞いてみましょう。

33

例題 7

テープを聞いて、それぞれの発音に慣れてください。

dentist,　entertain,　twenty,　international,
winter,　county,　Atlantic,　Santa Claus

練習問題 2

テープを聞いて、文中の空所を完成してください。

1. I live in a flat (　　　　　　　) shop.
2. A committee was (　　　　　　　) to examine the question.
3. A picturesque (　　　　　　　) presented itself before our eyes.
4. His room is in a mess with scattered (　　　　　　　).
5. I am going to go skiing this (　　　　　　　).
6. I found an (　　　　　　　) article.
7. I made an (　　　　　　　) phone call yesterday.

4) 2語間で重なる子音は聞こえない

Good driver の [d] のように、意味のつながった2つの単語間で同じ発音方法による子音が連続する場合は、先の単語の子音が聞こえないことがあります。good driver の発音は「グッド・ドライヴァー」ではなく、「グッ・ドライヴァー」のようになります。次の例題を聞いてみましょう。

例題 8

テープを聞いて、各組の音の変化を確認しながら発音しましょう。

1. [p] + [p]　(deep pond, top player, cheap pencils)
2. [t] + [t]　(hot tea, wet towel, next to him)
3. [t] + [d]　(sit down, hot dog, white dress)
4. [d] + [d]　(good driver, bad day, old door)
5. [k] + [k]　(black coffee, black cat, take care of)
6. [g] + [g]　(big garden, big game, big grapes)
7. [f] + [f]　(half finished, enough food, graph four)
8. [m] + [m]　(some more, some milk, home-made cookie)
9. [l] + [l]　(model lesson, tall lady, school life)

10. [ʃ] + [ʃ]　（bru<u>sh</u> shoes, wa<u>sh</u> shirts, Engli<u>sh</u> show）
11. [s] + [s]　（Christma<u>s</u> season, thi<u>s</u> seat, thi<u>s</u> store）

練習問題 3

テープを聞いて、文中の空所を完成してください。

1. I （　　　　　　　　） be there （　　　　　　　　） seven.
2. She is （　　　　　　　　） average in her class.
3. Please read the statement （　　　　　　　　）.
4. He has a （　　　　　　　　） job.
5. Why don't you （　　　　　　　　） and take a rest?
6. *A:* Did you see a （　　　　　　　　）?
   B: No. I thought that was a （　　　　　　　　）.
   A: Really?
7. *A:* What time shall we （　　　　　　　　） tomorrow?
   B: I prefer （　　　　　　　　）. How about if we meet at the station about seven?
   A: （　　　　　　　　）.

Section 5

音声変化——つながる音に慣れる

英語が自然な発話速度で話される場合は、after all のように、熟語や意味上密接につながっている語句では、前の単語の語末の子音と、次の単語の語頭の母音とがつながって発音されるため、まるで一つの単語のように聞こえることがよくあります。この Section では、単語と単語がつながって発音される場合に起こる音声変化について学習します。

1. r - 連結

語末の [r] が次の語の語頭の母音とつながって発音される現象を r - 連結といいます。次の例題を聞いてみましょう。

例題 1

テープを聞いて、各組の連結音を確認しながら発音しましょう。

a pair of,　　cheer up,　　here and there,　　for a moment,
after all,　　for instance,　　far away

前置詞の of や接続詞の and、冠詞の a, an などの機能語は、原則として文のリズムを作る際に強勢を受けずに弱形で発音されるので、前の語の終わりの [r] と連結されると、一語のように聞こえます。このように強勢を受けない機能語の発音を**弱形**といいます。例えば、pair of では、pair の語末の [r] と次にくる単語の語頭の母音とがつながって発音され、「**ペアロブ**」のように聞こえます。同様に、cheer up では cheer の語末の [r] と次にくる単語の語頭の母音とがつながって、「**チアラップ**」のように聞こえます。ただし、意味や文法上の切れ目がある場合は、音はつながりません。

また、after all や for instance のような慣用句では、all や instance に

強勢があっても速い発話ではつながって発音されるため、「**ア**フタロール」、「フォ**リ**ンスタンス」のように聞こえます。

2. n - 連結

　語末の [n] が次の語の語頭の母音とつながって発音される現象を n - 連結といいます。r - 連結の場合と同様、弱形で発音される前置詞の of、副詞の on や up、代名詞の it、冠詞の a, an などは、前の単語の語末の [n] と連結されると、ひと固まりの一語のように聞こえます。例えば、run away では、run の語末の [n] と次にくる単語の語頭の母音 [ə] とがつながって発音されるので、「ラナウェイ」のように聞こえます。

　また、母音で始まる名詞の前に冠詞の an や前置詞の on や in が来ると、an apple や in English のようにつなげて発音されるため、それぞれ「ア**ナ**プル」や「イ**ニ**ングリッシュ」のように聞こえます。では、次の例題を聞いてみましょう。

例題　2

　テープを聞いて、各組の音の変化を確認しながら発音しましょう。

| o<u>ne o</u>f them, | no<u>ne o</u>f us, | tur<u>n o</u>n, | ru<u>n a</u>way, | clea<u>n u</u>p, |
| clea<u>n i</u>t, | tur<u>n i</u>t, | o<u>n a</u> counter, | i<u>n an</u> hour, | a<u>n o</u>range |

3. その他の連結

　[r] や [n] 以外の子音が、次の語の語頭の母音と連結される現象もあります。good や part の語末の [d] や [t] のように、単語の終りにくる子音はあまりはっきり聞き取れないことが多いものです。例えば、good は「グッ」、part は「パー」のように聞こえます。ところが、good of you のように good に of が続くと、語末の [d] と次の語の母音 [ə] がつながって発音されるため、「**グッダブ・ユー**」のように聞こえてきます。このようにほとんど聞こえない子音で終わる語でも、意味や文法上密接なつながりがある場合や慣用句などでは、次にくる語の母音

とつながってひと固まりの一語のように聞こえます。では、次の例題を聞いてみましょう。

例題 3

テープを聞いて、各組の音を確認しながら発音しましょう。

1. [d] ＋ 母音　　hol<u>d o</u>n, stan<u>d u</u>p
2. [t] ＋ 母音　　no<u>t a</u>t <u>a</u>ll, bu<u>t I</u>
3. [k] ＋ 母音　　ta<u>ke i</u>t, ba<u>ck u</u>p
4. [g] ＋ 母音　　bi<u>g o</u>range, e<u>gg a</u>nd spoon race
5. [f] ＋ 母音　　kni<u>fe a</u>nd folk, hal<u>f a</u>n hour
6. [v] ＋ 母音　　lea<u>ve e</u>arly, fi<u>ve h</u>ours
7. [z] ＋ 母音　　goe<u>s o</u>n, jaz<u>z u</u>p
8. [tʃ] ＋ 母音　　wat<u>ch o</u>ut, su<u>ch a</u>s
9. [l] ＋ 母音　　mai<u>l i</u>t, fi<u>ll i</u>n the blanks
10. [m] ＋ 母音　　so<u>me o</u>f them, su<u>m u</u>p
11. [p] ＋ 母音　　u<u>p a</u>nd down, a cu<u>p of</u> tea
12. [θ] ＋ 母音　　wor<u>th i</u>t, bo<u>th o</u>f them
13. [s] ＋ 母音　　a gla<u>ss o</u>f beer, pa<u>ss a</u>way

練習問題 1

テープを聞いて、文中の空所を完成してください。

1. (　　　　　　　) you?
2. Take (　　　　　　　) yourself!
3. Wait (　　　　　　　) moment!
4. I bought it (　　　　　　　).
5. (　　　　　　　) a minute!
6. (　　　　　　　) have a beer?
7. You can (　　　　　　　).
8. As soon as he saw me, he (　　　　　　　).
9. Your hometown is (　　　　　　　) from here.
10. (　　　　　　　) make (　　　　　　　) next Friday?

練習問題 2

テープを聞いて、文中の空所を完成してください。

1. *A:* Are you visiting (　　　　　　　　　)?
   B: Yeah. I need to meet her at the station at three. So I must
   (　　　　　　　).

2. *A:* Would you like (　　　　　　　　) tea?
   B: No, thanks. I would like to have (　　　　　　　) juice.
   A: Sure. (　　　　　　) moment, please.

Section 6

音声変化──変化する音に慣れる

1. 他の音に変わる音

　話し言葉では、速い速度で話されると語と語とが影響しあって、ひとかたまりの音に変化して聞こえることがよくあります。
　相手を意味する you の [j] の音が、その前の単語につながって発音されると、語末の子音 [t] [d] [s] [z] などの影響を受けて変化し、ひとかたまりの音として聞こえます。例えば、meet + you は「ミーチュ」、did + you は「ディヂュ」、bless + you は「ブレッシュ」、as + yet は「アジェッ」のように聞こえます。この Section では、この様に変化する音について学習します。ただし、一語一語が丁寧に発音される時は、この様な変化は起こりません。また、意味や文法上の区切りがある場合にも、この様な音の変化は起こりません。
　次の例題で、ゆっくり話される場合と、普通の速度で話される場合の発音の違いを聞き比べてみましょう。

例題 1

　テープを聞いて、各組の音を確認しながら発音しましょう。

	遅い発話の場合	速い発話の場合
1. [t] ＋ [j] の場合	meet you	meet^you
	want you	want^you
	got you	got^you
2. [d] ＋ [j] の場合	did you	did^you
	could you	could^you
	would you	would^you
3. [s] ＋ [j] の場合	bless you	bless^you
	kiss you	kiss^you
	miss you	miss^you

4. [z] ＋ [j] の場合　　as yet　　　　　　　as^yet
　　　　　　　　　　　as you like　　　　　as^you like
　　　　　　　　　　　please yourself　　　please^yourself

2. 特定の動詞と to の組み合わせで変わる語句

　くだけた日常会話や英語の歌などでは、一般に、特定の動詞・助動詞と to ＋動詞とがつながって、一語のように発音されることがよくあります。次の例題を聞いてみましょう。

|例題 2|

テープを聞いて、各組の発音に慣れましょう。

want to - *wanna*　　　　　has to - *hasta*
going to - *gonna*　　　　　had to - *hadta*
trying to - *tryinta*　　　　ought to - *oughta*
got to - *gotta*　　　　　　used to - *useta*
have to - *hafta*

3. [t] が有声音に変わる場合

　アメリカ英語では、[t] が強勢のある母音と強勢のない母音の間に来ると、速く話される場合は有声音化して、日本語の「ラ行音」に似た音に聞こえます。water が「ワラ」のように聞こえるのはそのためです。次の例題を聞いてみましょう。

|例題 3|

テープを聞いて、それぞれの発音に慣れましょう。

butter,　matter,　latter,　letter,　pretty,　water,　city,　party
meeting,　sitting,　get up,　get on,　shut up

練習問題 1

テープを聞いて、文中の空所を完成してください。

1. You had (　　　　　　　) study hard.
2. I think it's a (　　　　　　　).
3. What's the (　　　　　　　) with you?
4. Which (　　　　　　) do you like best?
5. I am going to be (　　　　　　) next month.
6. I have read your (　　　　　　).
7. Don't forget the (　　　　　)!
8. I usually (　　　　　　) earlier than my father.

練習問題 2

テープを聞いて、文中の空所を完成してください。

1. I know his secret. Do you (　　　　　　) know it?
2. You made a big mistake. You (　　　　　　) have told me.
3. I love this tie. I'm (　　　　　) get it.
4. Believe me. I'm (　　　　　) be punctual.
5. She (　　　　　　) be there by six. I have something to tell her.
6. I love watching baseball. Actually, I (　　　　　　) play baseball when I was a high school student.
7. I (　　　　　　) work so hard at that time because I was poor.
8. He (　　　　　) finish his homework by noon.
9. I'm (　　　　　) watch the movie this afternoon.
10. It's already 6 p.m. I've (　　　　　　) go.
11. So, I'll (　　　　　) there. OK?
12. If you think so, do (　　　　　) like!
13. You are my boss. I'll do (　　　　　) me to.
14. I'll (　　　　　). Write me, OK?
15. I haven't (　　　　　　).
16. Do (　　　　　　)!
17. Nice to (　　　　　　).
18. Do you have any (　　　　　　) idea?

6．音声変化──変化する音に慣れる

19. I love the movie "(   )."
20. This (   ).

練習問題 3

テープを聞いて、文中の空所を完成してください。

1. *A:* I (   ) about that yesterday.
   B: (   )? I didn't hear. I (   ) know about it. What was that?
   A: It was about my birthday party. I'm (   ) be (   ).
2. *A:* (   ) like to go to a movie with me?
   B: Yeah, what are you (   ) see?
   A: Well, I am thinking about *Forrest Gump*. We have to hurry if we don't (   ) miss it.

練習問題 4

テープを聞いて、文中の空所を完成してください。

(A: Tourist   B: Rental clerk)

A: Good afternoon. (   ) like to (   ) car, please.
B: Certainly madam. (   ) see your license, please?
A: Yes, here you are.
B: Thank you. Yes, (   ) fine. (   ) car (   ) like?
A: Something (   ) economical, please.
B: Mileage is included (   ) cars, so that's no problem. As for size, how about a Metro?
A: Yes, (   ) be fine. How much is it?
B: It (   ) how long you (   ) for. It's $15 per day or $75 a week. (   ) two days free.
A: Well, actually I only (   ) for two days, tomorrow and Friday. (   ) pay now?
B: Yes, please. (   ) $30 plus insurance and

43

(　　　　　) deposit of $50.

A: Oh, dear! Can I pay by (　　　　　)?

B: Of course, madam.

練習問題 5

テープを聞いて、文中の空所を完成してください。

(A & B: Customers　C: Waiter/Waitress)

A: Let's sit here, shall we?

B: Yes, that's fine... Mmm, what are you (　　　　　) have?

A: I think I'll have some...

C: Are you ready to order?

A: Yes. (　　　　　) a prawn cocktail first and then the steak, please.

C: How (　　　　　) like your steak, sir?

A: Medium rare, please.

C: Any vegetables?

A: Er, French fries and mushrooms.

C: Certainly, sir. And madam?

B: I'll have some vegetable (　　　　　) and er, which fish do you (　　　　　)?

C: Well, the halibut's very (　　　　　) this time of year and the chef (　　　　　) sauce.

B: O.K., I'll have (　　　　　), please, with (　　　　　) spinach.

C: Yes, madam. What (　　　　　) drink?

B: A (　　　　　) for me, please.

A: I'll have some red wine, please.

C: Thank you.

Section 7

外来語と固有名詞を聞き取る

　日本語では現在非常に多くの外来語が使用され、日常生活の一部分となっています。もちろん、この傾向は分野によっても違います。特にコンピューターの分野では、ほとんど全ての用語が英語をそのまま借用しています。しかし、これらの外来語を知っていることが、直接英語を聞き取る力があるということではありません。

　というのは、外国語をカタカナ表記したものは元の発音とはかなり異なっているからです。これは英語と日本語では音節などの構造が大きく異なるため、いかに原音に近い表記をとっても正しい原音を表記することができないためです。また、原音により近い表現ができるにもかかわらず、元の発音から遠ざかるような表記の外来語も多く見られます。例えば、次の様なものがその例としてあげられます。

例題 1

原音と外来語の違いをテープで聞き比べてみましょう。

	原音により近い表記	日本語でのカタカナ表記
camera	キャメラ	カメラ
radio	レイディオ	ラジオ
studio	ストゥーディオ	スタジオ
Zurich	ズーリック	チューリッヒ
bottle	バトゥ	ボトル
Moscow	モスコー	モスクワ
McDonald's	マクダナゥ	マクドナルド
vanilla	ヴァネラ	バニラ
yogurt	ヨゥガート	ヨーグルト
allergy	アラジィー	アレルギー

ここでは私達が日常使用している外来語が、実際に英語ではどのよ

うに発音されているのかを学習して、英語の聞き取る力をつけましょう。

1. 固有名詞の聞き取り

　固有名詞とは、ある特定の人名、地名、商品名などで、大文字で始まる名詞の一つです。非常に多くの固有名詞があるのでもちろん全てを紹介することは不可能ですが、ここではいくつかを聞いて耳を慣らしてみましょう。

練習問題　1

　テープを聞いてカタカナで書いてみましょう。例題1を参考にして原音により近い表記と日本語でのカタカナ表記で書いてみましょう。

●人名

　　　　原音により近い表記　　　　日本語でのカタカナ表記
1. _____　　_____
2. _____　　_____
3. _____　　_____
4. _____　　_____
5. _____　　_____

●地名

　　　　原音により近い表記　　　　日本語でのカタカナ表記
6. _____　　_____
7. _____　　_____
8. _____　　_____
9. _____　　_____
10. _____　　_____

2. 外来語の聞き取り

(1) 外来語
カタカナ表記されている外来語が、実際には英語ではどのような表現になるのか、いくつかの例をテープで聞いてみましょう。

例題 2
テープを聞いて発音してみましょう。

1. セーター
2. マーガリン
3. ボタン
4. キャリア
5. スタジアム
6. バレーボール
7. トンネル
8. ウール
9. グローブ
10. ヨーロッパ

(2) 和製英語
外来語の中には、和製英語といって実は英語にはない言葉もあります。それでは、これらの和製英語が実際に英語ではどのような表現になるのか、いくつかの例をテープで聞いてみましょう。

例題 3
テープを聞いて発音してみましょう。

1. アフターサービス
2. カフスボタン
3. (電気の)コンセント
4. (宿泊施設の)ペンション
5. ジーパン
6. ナイター
7. バックミラー
8. (テストでの)カンニング
9. ワンルームマンション
10. (自動車の)ハンドル

練習問題 2
テープを聞いて、会話の空所を完成してください。

1. *A:* Well, well, well!! (   ), what are you doing in
   (   )? I thought you were in
   (   ) by now.
   B: Good Heavens! (   ), I didn't expect to see

you here, either.

2. May I have your attention please? Japan Air Lines flight 234 bound for (　　　　　　) is now ready for boarding. Passengers for this flight, please proceed to gate No. 61. Thank you.

3. Japan Air Lines flight 78 for (　　　　　　) will be delayed for one hour. Passengers for this flight, please contact a Japan Air Lines staff member. Thank you.

4. *A:* Hey, look at that (　　　　　). I think it's really nice!
   B: What's the material? Is it (　　　　　)? Very soft, isn't it?
   A: I think this color goes well with your brown (　　　　　).

5. *A:* Have you met our new Korean doctor?
   B: You mean Dr. Kim?
   A: Yep, she spent most of her (　　　　　) as a dentist in (　　　　　).
   She told me that she's got an (　　　　　) to unusual things.
   B: Unusual things? Such as?
   A: (　　　　　), (　　　　　) and anything (　　　　　)-flavored. Strange, isn't it?

◆和製英語や外来語の学習で気を付けなければならないのは、主に次の2点です。
　1. 日常生活で用いられるカタカナ語の中には、実際には英語にない表現（和製英語）もあるということ。この場合、英語では何と言うのかスペリングと発音の両面で学習しておくこと。
　2. 英語が外来語として日本語で用いられる場合は、日本語化された発音になるので、本来の正しい発音を学習しておくこと。

Section 8

数字を聞き取る

「5万」という数字をすぐに英語で言えますか。それでは seven hundred thousand はいくつでしょうか。数の位取りが違うために日本人には英語の数は泣き所の一つですが、これを避けて通ることはできません。例えば、ビジネスで数字を聞き違えて、70万円を700万円ととったら大変なことになります。日本語では13と30は聞き違えることはありませんが、英語の thirteen と thirty を聞き分けるのはなかなか難しいものです。その他にも、海外旅行中に機内でパイロットが現在の高度や目的地の温度を言うこともあれば、ショッピングや電車の切符を買うときにも数字はついてまわります。

この Section では、基数、序数、分数、倍数、温度、金額、時刻、年号、電話番号などを聞き取る練習をします。

1. 基数

桁数の多い数字を正しく早く言う練習を繰り返せば、数字の聞き取りができるようになります。

|例題 1|

次の基数を声に出して読んでみてください。

1. 365 **2.** 7,614 **3.** 940,243
4. 5,131,912 **5.** 89,547 **6.** 3,205,003

365は three hundred and sixty-five と読んでも、andを入れずに three hundred sixty-five、または three sixty-five と言ってもいいのです。ときには 2,300 を twenty-three hundred と読むこともあります。

では、テープを聞いて上の数字を発音してください。

練習問題 1

これから５つの数字が読み上げられます。１回目は速く、２回目はゆっくり読まれますのでその数字を書き取ってください。

1. (　　　　　　)　2. (　　　　　　)　3. (　　　　　　)
4. (　　　　　　)　5. (　　　　　　　　　)

2. 序数

順序を表す序数は、基本的には基数に th を付ければよいのですが、いくつかの例外がありますので、主な序数を以下にあげます。

例題 2

テープについて読んでください。

1番目	first（1stとも書く）	2番目	second（2ndとも書く）
3番目	third（3rd）	4番目	fourth（4th）
5番目	fifth（5th）	9番目	ninth（9th）
11番目	eleventh（11th）	12番目	twelfth（12th）
20番目	twentieth（20th）	21番目	twenty-first（21st）
22番目	twenty-second（22nd）	30番目	thirtieth（30th）
40番目	fortieth（40th）	100番目	one hundredth（100th）
101番目	one hundred-first（101st）		

3. 分数

分数には序数の知識が不可欠ですので、ぜひ序数を完全に言えるようにしておいてください。さて、$\frac{1}{5}$ は one-fifth で、分子を先に基数で言い、その次に分母を序数で言います。$\frac{2}{5}$ は one-fifth が２つあるわけですから two-fifths と fifth が複数になります。$\frac{1}{2}$ は a half または one half、$\frac{1}{4}$ は one-fourth または a quarter だということは知っているでしょう。$3\frac{6}{7}$ のような帯分数のときには three and six-sevenths のように and を使うことを忘れないでください。

8．数字を聞き取る

例題 3

まず、次の数を英語で読んでください。

1. 3 1/2　　2. 14 3/5　　3. 212 3/13

次にテープを聞いて答えを確かめてください。

練習問題 2

これから5つの分数が2回ずつ読まれますので、その分数を書いてください。

1. (　　　　)　2. (　　　　　)　3. (　　　　　)
4. (　　　　)　5. (　　　　　)

4. 倍数

「～倍」と言うときには times という語を用います。「2倍」は two times、「3倍」は three times、「10倍」は ten times というようにです。「2倍」だけは two times の他に twice という言い方もあります。そして「この建物はあの建物の3倍の高さです」This building is three times as high as that. というような構文の中で用います。同じことを This building is three times higher than that. とも表現できます。ただし、two times は「2回」、three times は「3回」のように、times は回数を表すのにも用いられます。

5. 温度・金額・時刻

温度は摂氏(Celsius)と 華氏(Fahrenheit)の2種類あり、23.5℃は twenty-three point five degrees Celsius、105.47°F は one hundred (and) five point four seven degrees Fahrenheit と読みます。(小数)点は point です。

金額に関しては＄1,230.40(1,230ドル40セント)は one (または a) thousand, two hundred thirty dollars (and) forty cents と読み、￥20,350 (20,350円)は twenty thousand, three hundred (and) fifty yen です。

時刻の読み方は、基本的なことだけにしぼって説明します。「いま

5時です」は It's five o'clock. ですが o'clock は言わない場合もあります。「午前5時」は It's five a.m. ([éiém] と発音)「午後5時」は It's five p.m. です。「6:20」は It's six-twenty. とふつう言いますが、It's twenty (minutes) past (または after) six. とも言います。「6:50」は It's six-fifty. のほかに It's ten (minutes) to seven.（7時10分前）とか It's ten of seven. などとも言いますが、of のかわりに before を使うこともあります。

> 練習問題 3

テープを聞いて温度・金額・時刻を書き取ってください。

1. (　　　　　)　**2.** (　　　　　)　**3.** (　　　　　)
4. (　　　　　)　**5.** (　　　　　)　**6.** (　　　　　)

6. 年号と電話番号

年号は2桁ずつ読み、1945年は nineteen forty-five と言うことはご存じのとおりです。935年のように3桁の場合は nine thirty-five のように後2桁を1つに読みます。1705年のように0が入っているときは seventeen oh-five と言います。また1900年は nineteen hundred、紀元前300年（300 B.C.）は three hundred B.C. と読みます。

電話番号は、たとえば(03)3456-7890は、oh three, three four five six, seven eight nine oh と読み、コンマのところでほんの少しポーズを置きます。最後の数字が00で終われば hundred、000で終われば thousand と読むので、808-231-4000 の番号は eight oh eight, two three one, four thousand となります。

> 練習問題 4

テープを聞いて、1～3には年号を、4、5には電話番号を書き取ってください。

〈年号〉**1.** (　　　　　)　**2.** (　　　　　)　**3.** (　　　　　)
〈電話〉**4.** (　　　　　)　**5.** (　　　　　)

7. 物質名詞の数え方

物質名詞の数量の表わし方は慣れないと分かりにくいので、次によく使われるものをいくつか示しておきます。

例題 4

テープを聞いて、物質名詞の数え方に慣れてください

1. カップ1杯　　a cup of coffee（tea）
2. グラス1杯　　a glass of water（juice, milk）
3. 1缶　　　　　a can of beer（juice, tuna）
4. 1切れ　　　　a slice of bread（ham）
5. 1枚　　　　　a sheet of paper, a piece of paper
6. 1さじ　　　　a spoonful of sugar（salt, oil）

練習問題 5

数字がそれぞれ2回ずつゆっくり読み上げられます。1回目で書き取り、2回目でチェックしてください。

1. (　　　　　) 2. (　　　　　) 3. (　　　　　)
4. (　　　　　) 5. (　　　　　) 6. (　　　　　)
7. (　　　　　) 8. (　　　　　) 9. (　　　　　)
10. (　　　　　)

練習問題 6

数字がそれぞれ2回ずつゆっくり読み上げられます。1回目で書き取り、2回目でチェックしてください。

1. (　　　　　　　) 2. (　　　　　　　)
3. (　　　　　　　) 4. (　　　　　　　)
5. (　　　　　　　) 6. (　　　　　　　)
7. (　　　　　　　) 8. (　　　　　　　)
9. (　　　　　　　) 10. (　　　　　　　)

練習問題 7

数字がそれぞれ2回ずつ速く読み上げられます。できるだけ1回目で書き取り、2回目でチェックしてください。

1. (　　　　　　)　2. (　　　　　　)
3. (　　　　　　)　4. (　　　　　　)
5. (　　　　　　)　6. (　　　　　　)
7. (　　　　　　)　8. (　　　　　　)
9. (　　　　　　)　10. (　　　　　　)

練習問題 8

テープを聞いて、正しい答えの記号に○をつけてください。

　　Ladies and gentlemen, this is your captain speaking. We are about to begin our descent into Los Angeles. The weather in Los Angeles is clear, and the temperature is (**a.** 16　**b.** 90　**c.** 72　**d.** 92) degrees Fahrenheit. The local time is now (**a.** 8:14　**b.** 8:15　**c.** 9:40　**d.** 9:50) p.m. We expect to arrive on schedule, with a total flight time of (**a.** 4 hours and 18 minutes　**b.** 4 hours and 19 minutes　**c.** 5 hours and 18 minutes　**d.** 5 hours and 19 minutes). We have enjoyed having you on board and look forward to seeing you again soon.

練習問題 9

テープを聞いて、かっこの中に数字などを書き入れてください。

　　Good afternoon, ladies and gentlemen, this is your captain Tom Jones speaking. Welcome to United Airlines Flight (　　　　　　). We are now flying at an altitude of (　　　　　　) meters and at a speed of (　　　　　　) kilometers per hour. We are scheduled to arrive in New York at the John F. Kennedy International Airport at (　　　　　　) local time. The weather there is slightly cloudy and the temperature is (　　　　　　). We hope you'll enjoy your trip with us today. Thank you for choosing to fly the "friendly skies" of United Airlines.

練習問題 10

テープを聞いて、かっこの中に数字などを書き入れてください。

Shelly: Hello, Steve. This is Shelly. I'm planning a surprise birthday party for our boss Mr. King at the Royal Hotel at (　　　　) p.m. Friday night. Will you be able to come?

Steve: Yes, I'm free that evening. I'll be glad to join you, but I don't know where that hotel is located exactly.

Shelly: It's at (　　　　　　　　) South Street. It's a (　　　　　　) story-building, so you can't miss it. But just in case you can't find it, call (　　　　　　　　).

Steve: Oh, I'm sorry. Say it again, please.

Shelly: It's (　　　　　　　　). That's the number for the front desk. By the way, I bought a tiepin and cuff links for Mr. King as a present, so I'll be collecting (　　　　　　　) each from those attending the party. Is that OK?

Steve: Sure, no problem. I'll see you on Friday then. Bye.

Section 9

意味グループ単位で理解する

　比較的長い文章を聞くようなとき、最初から最後まで聞こえてくる文章すべてに意識を傾けるのはなかなか難しいものです。すべての音を聞き取ろうとするのは不可能とは言い切れませんが、「意味」や「内容」さえ分かればいいというようなときには、その努力は無駄であるばかりか必要な情報を正確に把握するには邪魔になることもあります。「意味」や「内容」の聞き取りには必要のない音もあると考えていいでしょう。意味上重要な音は比較的強くはっきり発音され、意味上大きな役割を担っていない音は速く、弱く、あるいはあいまいに発音されます。このいわゆる「意味上重要な音声」とそうでない音声は独立して現れるのではなく、通常ひとかたまりになって聞こえてきます。話者の非常に短いポーズとポーズの間がそのひとかたまりで、意味上の区切りを形成する部分であり、これを**センスユニット**または**意味グループ**と呼んでいます。

　意味グループの種類にはどのようなものがあるか、まず次の例を見てみましょう。

　　Most of our students (1) / get a part-time job (2) / during the summer vacation (3) / because they are self-supported (4). // Unless they have a lot of money (5), / they do not leave the town (6) / where they can easily find a job (7).

　どういう区切り方をするかについては個人差があり、たとえ同一人物が同じものを2回読んでも区切り方が同じとは限りません。また、意味的に一つにまとめられる箇所で区切るのが普通ですが、リズムや文の流れを大切にするため、そのひとまとまりがあまりにも長かったり、逆に短すぎることのないように区切っているものと思われます。

　上の例では、(1)は4つの単語からなりますが、文の中では主部という一つのまとまりを持っています。(2)は述部にあたり、厳密には動詞とその目的語という形を取っています。(3)は4つの単語が時間的な情

報を担っているのでひとまとまりと考えていいでしょう。(4)は従属節ですが、この部分が理由を表わしているということで一つにまとめられます。(5)も従属節です。ここは条件を表わしているということでまとめられています。(6)は前節に対する主節で、主部にあたるものがごく短いために述部と一緒にまとめられています。(7)は関係詞節で前節に出た語句をさらに説明しています。この場合、その説明がそれほど長くないため一つにまとめて読まれています。

　区切り方に個人差があるといっても、中には誰が読んでも同じ区切り方をするような場合もあります。たとえば、節と節をつなぐ and, or, but, when, since, because, nevertheless, although といった語句の前では、わずかなポーズを入れるのがふつうです。

　センスユニットの最後部、つまりポーズの直前で音の高さが微妙に変化することがあります。先の例文では(1)と(2)の間のポーズも非常に短く、(1)の最後部での高低の変化もほとんど見られませんが、(5)や(6)の最後部では少し下がり気味に読まれ、また、それぞれの後に来るポーズも比較的長く置かれています。これは(5)や(6)の最後部がそれぞれ従属節と主節の締めくくりの部分で比較的完結した情報を含んでいるために起こる現象と思われます。センスユニットを捉える際にはポーズとあわせて、こういった音の高低の変化にも注意してみましょう。もう一度上の例をテープで聞いて個々のポーズの長さとその直前の音の高さの変化を確認してみてください。

例題

テープから聞こえてくる文章で、ポーズが入っていると思うところに（／）マークを入れてみましょう。

　　Sally hurried to Milan pizza it was fifteen minutes past five and she was late for her part-time job Sally liked to deliver pizzas on her skateboard and didn't want to be fired for being a few minutes late

　ポーズの位置は必ずしもそれほど明確ではありませんが、音声上のポーズが意味上のポーズとほぼ一致していることが分かりましたか。英語では音声変化がよく起こるために、音声上の境界を聞き取ることは難しいですが、個々の音声にとらわれることなく意味的な手がかりをつかむようにしましょう。

一度聞いただけで意味や内容を即座に理解するのはかなりの練習が必要ですが、意味グループごとに聞こえてきた順番に意味をとるように練習するといいでしょう。

練習問題 1

テープから聞こえてくる文章で、ポーズが入っていると思うところに（／）マークを入れてみましょう。

Mr. Behrman died of pneumonia today in the hospital. He was ill only two days. The janitor found him on the morning of the first day in his room downstairs helpless with pain. His shoes and clothing were wet through and icy cold. No one could imagine where he had been on such a dreadful night. And then a lantern was found, still lit, and some scattered brushes, and a palette with green and yellow colors mixed on it, and outside the window was the last ivy leaf on the wall.

練習問題 2

テープには意味グループごとに区切られた英文が録音されています。意味グループの後には信号音が入れられており、信号音の直後にその意味グループの内容に関する質問が読まれます。その解答を、メモをとるときのようにごく短く解答欄に記入してください。

1. **(1)** What will start? _____

   (2) When? _____

2. **(1)** Who? _____

   (2) What? _____

   (3) Where? _____

   (4) Whose desk? _____

3. **(1)** Who lives where? _____

   (2) How far? From where? _____

9．意味グループ単位で理解する

(3) She has what? Where?

(4) Doing what? With whom?

(5) About what?

練習問題 3 - 1

次に短いストーリーを聞きます。まず以下の質問を読んで内容を予測してください。テープには意味グループごとに区切られた英文が録音されています。意味グループの後に信号音とポーズが入れられていますから、信号音が聞こえたらすぐに質問の答えを解答欄に記入してください。解答はメモをとる要領ですばやく簡単に記入しましょう。

・ *Where was "I" living?*

・ *What was "I" sharing?*

・ *Where did he come from?*

・ *What did "I" enjoy?*

・ *What did he do?*

・ *When did he do that?*

・ *What did "I" find?*

・ *What language was he speaking?*

練習問題 3 - 2

・ *How did Mr. Behrman die? When?*

・ *Where did he die?*

・ *How many days was he ill?*

・ *Who found him? When?*

- *Where was he found?* _____

- *What was he like?* _____

- *What were his shoes and clothing like?* _____

- *What could not be imagined?* _____

- *What was that night like?* _____

- *What was found? Its condition?* _____

  _____

- *What else were found?* _____

- *What were the colors on the palette?* _____

- *What was on the wall?* _____

Section 10

イントネーションの意味を理解する

　テレビを見ているときに、出演者が関西出身だと分かることがあります。それは、その地方の独特の語彙だけではなく、発音、抑揚など関西らしさを感じるからです。同じように「ありがとう」という言葉も、地方によって抑揚が違うこともあります。このように言葉を話すときに音が高くなったり、低くなったりする句や文全体に及ぶメロディーのようなものを、「**イントネーション（抑揚、音調）**」と呼びます。このイントネーション次第で、聞き手は様々な情報や意図を知ることができるのです。

　話し言葉は、文字と違って句読点もなければ、下線を引いたり、太字にするといったことができません。文字で表せないかわりに声の調子でこのような情報を伝えなければならないのです。逆に文字だけでは意味が曖昧な文も、イントネーションなどの音声情報が加わると、意味がよく分かることもあります。

　イントネーションは、特に話し手の意図によって左右されます。同じ文でも、イントネーションが違えば、伝えたい内容が違ってきます。これは英語だけでなく、すべての言語にあてはまることです。実は皆さんが日本語を話しているときには、意識しなくてもごく自然に強調したいところは高く、強く発音しているのです。

　この Section ではイントネーションによる意味の違いを学びましょう。イントネーションには上昇調・下降調という大きな２つのパターンがあり、一般に、尻下がりになると、「断定」や「完結」した感じを与え、尻上がりになると「問いかけ」や「未決定」なものを残す印象を与えます。また、変動の幅が小さいと冷静さ、話題への無関心などを表しますが、大きくなると暖かさ、関心、思いやりなどが伝わります。

> **例題 1**

英文を聞いて、かっこ内にそのイントネーションが上昇していれば↗、下降していれば↘と書き入れてください。

1. He is from Tokyo. (　　)
2. He is from Tokyo? (　　)

　この2つの英文は文字で表わすと全く同じですが、イントネーションは異なっています。1)は下降して発音され、「彼は東京出身です」と言い切っている感じになります。2)は文末は上げ調子で、疑問文と同じように「彼は東京出身ですか?」とたずねる意味になります。
　では、次に一般的なイントネーションの型をあげておきます。

〈イントネーションの基本型〉

文の種類	例文	イントネーション	
		下降調（Falling）	上昇調（Rising）
平叙文	It's raining heavily.	物事を単に述べる	たずねている
命令文	Close the door, please.	事務的、高圧的な命令	丁寧さ、親しみのこもった命令
Yes-No 疑問文	Do you like it?		質問
Wh- 疑問文	When did you see him?	質問	聞き返し
付加疑問文	You won't come, will you?	同意を求める	質問
感嘆文	What a beautiful vase!	驚き、感動を表す	
選択疑問文	Would you like beef or chicken?	どちらか選ばせる	他にも選択の余地があることを示す

※その他

	例文
列挙	He likes baseball (↗), basketball (↗), football (↗), and tennis (↘).

10. イントネーションの意味を理解する

◆ただし、イントネーションは話し手の意図で変化しますので、常に表のように使われるわけではありません。特に、通常と違うイントネーションが使われた場合には、話者の意図をよく考えて理解する必要があります。

|例題 2|

1と2は同じ会話ですが、イントネーションに注意してかっこ内に矢印を入れ、違いを考えてみましょう。

1. *A:* Do you understand ? (　　　)　　「わかった？」
   B: Yes. (　　)　　　　　　　　　　　「うん、わかってるよ。」
2. *A:* Do you understand ? (　　　)　　「わかった？」
   B: Yes. (　　)　　　　　　　　　　　「うん、でも…」

テープを聞いて分かるように、Yes の言い方が **1** では単なる返事ですが、**2** では一度下がってから上がっています。この場合「わかってるよ、でも…」と何かまだ言いたいことがある感じが出ています。このように速さや上げ下げによって **1** と **2** では微妙な違いが出てきます。言い方により差が出るのは、日本語の場合と同じです。

|例題 3|

イントネーションの異なる英文を聞いて、意味の違いを確認しましょう。1回目は①の意味で、2回目は②の意味で同じ英文が読まれます。対話の場合は下線部について考えてください。

1. *A:* I failed the exam.
   B: I'm sorry.
   ① 残念に思っている。
   ② よく聞こえなくて、もう一度繰り返してほしい。

2. Close the door, will you?
   ① 命令している。
   ② お願いしている。

3. Would you like tea or coffee?

 ① どちらがいいかたずねている。

 ② 他にも選べるものがあることをほのめかしている。

4. *A:* Marian is married.

 B: Really?

 ①「ああそうなの」と軽く受け流す感じのあいづち。

 ② 信じられないことを聞いて驚いている。

5. May I have your name?

 ① 事務的に質問している。

 ② ていねいにたずねている。

　話し手の意図はイントネーション（音の高低）だけでなく、速さ、強弱などを含めた音声情報で伝えられます。複雑そうですが、誰でもごく自然に会話の中で使っていることですから、その場の状況に少し注意を払って観察していれば理解できるでしょう。

練習問題 1

　2つの英文のイントネーションが上昇調か下降調か聞き分け、上昇調なら↗、下降調なら↘と書いてください。また、それぞれの意味を①、②から選んでください。

1. (1) He's coming to the party. (　　)

 (2) He's coming to the party. (　　)

  ① 彼はパーティーに来る予定です。

  ② 彼はパーティーに来るのかしら。

2. (1) Does Tetsuya speak English or German? (　　)

 (2) Does Tetsuya speak English or German? (　　)

  ① 哲也は英語かドイツ語など何か外国語が話せますか。

  ② 哲也は英語かドイツ語が話せますか。

3. (1) You studied hard for today's exam, didn't you? (　　)

 (2) You studied hard for today's exam, didn't you? (　　)

  ① 今日の試験勉強をしっかりしたんでしょう。

② 今日の試験勉強をしっかりしたの、それともしてないの。

4. (1) I beg your pardon. (　　)
   (2) I beg your pardon. (　　)
   ① ごめんなさい。
   ② もう一度言ってください。

5. (1) English is difficult, isn't it? (　　)
   (2) English is difficult, isn't it? (　　)
   ① 英語は難しくないですか。
   ② 英語って難しいなあ。

練習問題 2

次の下線を引いた英文のイントネーションをかっこ内に書き、またその意味を①、②から選んでください。

1. *A:* I don't think he told a lie to his wife.　He is not such a man.
   B: Really? (　　)
   ① ほんとにそう思ってるの。　　② ああ、そう。

2. *A:* I got a new computer for $100.
   B: How much? (　　)
   ① いくらしたの。　　② えっ、いくらって言ったの。

3. *A:* He gave up smoking, didn't he? (　　)
   B: No.　He's still trying to.
   ① 彼はタバコをやめたそうですね。　　② 彼はタバコをやめたのですか。

4. *A:* Do you like Mike?
   B: Yes. (　　)
   ① そうよ。　　② そうだけど、それが何か。

5. *A:* I went to Sagano yesterday.
   B: Where did you go? (　　)
   ① どこに行きましたか。　　② どこですって、もう一度言って。

Chapter II
内容理解のストラテジー

■ Introduction

　Chapter I では単語や語群そのものを聞き取る音声知覚を中心に、文法レベルの要素も関連させながら、話し言葉としての英語の特徴に関する基礎的な知識と、部分的な聞き取り訓練を積み上げてきました。しかし、それだけで話の内容や話者の意図などがすべて正確に把握できるとは言えません。知っている単語や慣用句、あるいは一つの短い文レベルでは聞き取れても、実際の対話文や文章全体の意味内容を理解したり、話者の意図を正確に把握することは非常に難しいものです。

　この Chapter では、学習方略の第二段階として、会話や説明、講義などいろいろな場面における多様なスタイルの英語に接し、語句の個々の意味ではなく、話の概要や必要な情報のみを正確に聞き取るための方略を学び、その練習を行います。これは一般にトップダウン方式による学習と言われています。では何をどのように学習すれば内容理解の実力がつくのかについて、主なポイントをあげてみましょう。

1. 私たちは通常、リスニングの目的によっていくつかの方法を使い分けています。時には話された言葉のすべてを確実に聞き取ろうとすることもありますが、多くの場合は自分に必要な情報のみを聞こうとしたり、講演や説明会などでは、話の大意をつかみ要点をメモしたりしています。Section 11, 12 では話の要点を把握するスキミングと、必要な情報のみを聞き取るスキャニングの方法を学習します。

　会話や文が長くなればなるほど、その内容を正確に理解するには要点を選んで聞き、概要を把握する必要があります。ところが、リ

スニングに慣れるまではすべてを聞き取ろうとして一語一語にこだわり、一つでも分からない語に出会うとたちまちそこでいきづまってしまう傾向があります。たとえすべての言葉が聞き取れたとしても、短期間記憶できる範囲を越えてしまい、言葉は聞き取れても全体として何が話されたのか分からず、整理して要点を把握することができなくなります。話の内容を大まかに把握するための基礎的な練習方法として、単語ごとではなく意味グループ単位に区切って聞くこと、機能語にこだわらず内容語を中心に聞くこと、すなわち文中の強勢の置かれている語に注意して聞くこと、しかも英語の語順のままで聞き、決して日本語に訳そうとしないことなどがあげられます。

　また、話された言葉の中から地名や人名・日時や場所・金額・方向などをはじめ、目的・方法・原因・結果などにいたるまで、必要な情報のみを聞き取る**タスク・リスニング**の要領を学習してください。このような聞き方はリスニングテストでもしばしば要求されます。

2. 話し言葉によるコミュニケーションを行う場合、コミュニケーションが行われる状況や場所、そして誰と誰とが話しているのかなど言葉の社会的・文化的背景が非常に重要な役割を果たします。同じ内容を話す場合でも、対人関係や、話者の性別・年齢・職業などによって表現法が違うのが普通です。Section 13 では会話の状況・場所・人間関係を探る観点から聞き取る要領を学習します。これらはメッセージをよりリアルなものとし、内容の理解と記憶に役立つ情報として大切なものです。これもリスニングテストによく出題される問題です。

3. さらに Section 14 ではキーワード・キーファクツを把握する要領を学びます。話の中で繰り返し用いられる語句やその類義語、または関連語句から話のトピックや内容を推測し、さらにそのトピックについて自分が持っている背景知識を膨らませながら聞くことができれば、それだけで内容の半分は理解できたと言ってもよいでしょう。これも会話や解説などのトピックに関する問題に答える際に必

要とされる聞き方です。

4. 話し言葉には声の抑揚や強弱、ポーズの取り方と、顔の表情や視線、身振りなどに言葉そのものからは聞こえてこない話者の意図や微妙な感情などが含まれています。例えば、ある人が It's cold in here. と言った場合、「ここは寒い」という言葉通りの意味を表すこともありますが、言い方によっては「(寒いから)窓を閉めてほしい」とか「(寒いから)ストーブをつけてほしい」という依頼を暗示していることもあるのです。Section 15 では言外に含まれた話者の意図や感情を推測する練習をします。これもリスニングテストでよく出題される聞き取り形式です。

5. 話を正確に聞き取るためには、ただ話者が伝えてくるメッセージを受け取り、その内容を理解するという受け身的な姿勢ではなく、話者が表現しようとする言葉を予測し、聞き手が自ら積極的に言葉を先取りしたり補ったりしながら話者のメッセージを待ち構えていることが必要です。私たちは日常生活の中で人の話を聞く場合、注意を集中して聞いていることをあまり意識していません。しかし、実際の会話では、聞き取れなかったり聞こえても意味が分からない場合もあり、キーワード・語彙力・文法力・作文力・文脈・背景知識・論理の展開・視覚情報・話者の身振りなど、すべての手がかりを総動員し、それらを統合的に知覚し、推測しながら話者の意図や内容を正確に理解しようとしているのです。リスニングにおける内容理解は、文脈や状況判断を頼りに行う予測や推測から始まるとも言えます。Section 16 では話の展開を予測する方略について学習します。

6. 英語は日本語に比べてより論理的に話が展開される言語です。英語の論理の展開法を知っていれば、話の内容をスムーズに理解する助けになります。例えば、パラグラフの構造についての知識があれば、リスニングを始める時のあの緊張や不安感が少なくなります。パラグラフには要約文、あるいは趣旨説明文とも言われるトピック・センテンスがあり、パラグラフの最初の文はトピック・センテンスの可能性が高いということを知っているだけでも、安心して聞

くことができます。Section 17, 18 では論理の展開、Section 19 では背景知識の活用、Section 20 では視覚情報の利用について説明しながら、聞き取りの練習を行います。

7. リスニングでは瞬時に消えてしまう音声と、顔の表情や身振りによるメッセージのみを頼りに情報を受信し理解しなければならないので、そのメッセージが長ければ長いほど、記憶力が重要になってきます。特に録音された音声テープによって問題が提示されるリスニングテストの場合は、集中力と記憶力とが聞き取りを左右する大きな要素にもなります。これまでの記憶力に関する研究では、年齢や個人差はありますが、1秒から数秒という非常に短い短期記憶の範囲は、7±2チャンク（意味のかたまり）、あるいは5～9語であると言われています。これに対する効果的な方略をこの Chapter で述べることはできませんが、常日頃から物事に集中し、聞きっぱなしではなく、聞いたことを確認し、話の内容を自分がすでに蓄積している知識と関連づけながら覚えたり、要点をメモするノートティキングの要領を学び、習慣化することが大切です。

　以上の説明からも分かるように、日本人にとって英語のリスニングは四技能の中で最も複雑で難しい分野ですので、集中的にしかも継続的に学習する必要があります。これまでのような文字に依存した学習方法では、たとえ短い文であっても、聞いた瞬間にその音声と意味とを結びつけることが困難なのです。したがって書かれたものを読めばすぐに分かるような文でも、それを聞いただけではほとんど理解することができないという奇妙な現象が起こります。さらに、基本的語彙や文法の知識が不十分では、推測力や予測力を高めることはできません。リスニング能力を向上させるためには、音声と意味とが瞬時に結びつき、上に述べたような色々な要素を瞬間的にしかも統合的に処理する能力の養成が必要です。
　CNN や ABC、BBC などの英語ニュースや映画が楽しく見られるようになることを期待して、根気よく練習を続けてください。

Section 11

話の要点を理解する

　英語を聞き取る際には、まず、それが何についての話なのかを知ることがとても大切です。トピックが何であるかさえ分かれば、自分が持っている知識などを利用して、聞き取れなかった部分や全体的な内容を推測することもできます。
　それでは、どうすれば「話題」が分かるのでしょうか。次の3点に注意して後の例題を聞いてみましょう。

1. 繰り返される語句(同義語を含む)に注意する
   何度も出てくるのは、その語句が重要だからです。ただ、言い換えた別の語を使う場合も多いので、同じ意味の語にも注意しましょう。

2. 関連する語句に注意する
   1つの話の中には、お互いに関連する語句がいくつか出てきます。そういう語句を聞き取るだけでも、なんとなく全体の話題がつかめます。

3. 最初と最後に注意する
   スピーチや報道文は初めに何の話かが述べられ、そのあと、本論を展開して、最後に結論を繰り返すのが一般的です。ですから最初と最後の部分を特に注意して聞くのが効果的です。

例題 1

　テープを聞いてください。

(1) どのような語句が繰り返されていましたか？
　　smoking, smoke, smokers と同じような意味の語が、何度も繰り返し使われています。このことから、タバコについての話であることは、簡単に分かります。また、danger や risk, passive smoking

なども２、３回使われていました。このような語句から、トピックが間接喫煙の害の話であることが分かるでしょう。

(2) 関連のある語句をあげてみましょう。

関連している語句としては、the danger of smoking、breathe in the smoke、passive smoking などが出てきました。このうちいくつかでも聞き取れれば、自分がタバコに関して持っている知識を使って、全体の意味を想像できるのではないでしょうか。

(3) 最初の部分で何が述べられていましたか？また、最後の部分ではどのようにまとめられていましたか？

冒頭の文は Are you totally free from the danger of smoking, if you don't smoke yourself? The answer is "No". でした。この部分から、タバコの害についての話だと分かります。そして最後の部分で、Therefore, you have to be aware of the danger of passive smoking even if you don't smoke yourself. とまとめられています。ここが分かれば、「タバコは自分が吸わなくても間接喫煙の害に注意しなければいけない」という主張が分かるのです。

例題 2

会話文をテープで聞いてください。

はじめの疑問文で「明日何をするの？」と聞いていますから、明日の計画についての話だと分かります。それに関してＡとＢの話が進んでいきます。

このように会話の場合にも、最初の部分に注意してください。ただし、会話ですから、質問とその答えの組み合わせで考えなければなりません。通常は、はじめのほうの疑問文で話題が分かるようになっています。また、どのような場面での会話かが分かれば、その内容が推測できます。このように場面を考えたり、内容を推測することによって、聞き取れなかった部分も理解できるようになります。

リスニングのテストでは中心になる話題に関連した問題が比較的多く出題されます。したがって、その話題が何に関することなのかが分かれば大きな手がかりをつかんだことになります。話題の中心を常に意識して、聞き取れた部分から考えていけば、かなり内容が理解でき

るでしょう。

それでは、いろいろな種類の問題をやってみましょう。

練習問題

テープを聞いて、質問に対する適切な答えを一つ選んでください。

1. *What does "first aid" mean?*
   a. a kind of drink
   b. a minor injury
   c. seeing a doctor
   d. quick and simple treatment

2. *Where is this announcement given?*
   a. in an airport
   b. in a ferry boat
   c. in an airplane
   d. in a waiting room

3. *What is in the center of the picture?*
   a. a building in the Bible
   b. people in Babylonia
   c. a building in the heaven
   d. people in the Bible

4. *Where are they talking?*
   a. at a post office
   b. at a souvenir shop
   c. at a restaurant
   d. at a pet shop

5. *Why was she late?*
   a. Because her train was delayed.
   b. Because she had no information.
   c. Because of a traffic jam.
   d. Because she was upset.

6. *What is this passage mainly talking about?*
   a. a drive-through for saving money
   b. a drive-through for getting fruits
   c. a drive-through for preventing the flu
   d. a drive-through for getting guns

7. *What is this passage about?*
   a. the training of guide dogs
   b. the training of police dogs
   c. kinds of dogs
   d. various ways of raising dogs

Section 12

必要な情報のみを聞き取る

　英語を聞くとき、ただ漠然と聞いていたり、一言も聞き逃すまいと緊張しすぎて肝心なことが頭に残っていなくて質問に答えられなかったことはありませんか。すべての語句に同じように注意するのは難しいことです。また、そのような必要もありません。この Section では、「必要な情報を得る」という姿勢で聞く練習をします。

|例題|

　場面設定を参考に次の英文から指示された情報を聞き、答えの文を完成してください。

1. 留守番電話

　Q. 変更された時間と待ち合わせの場所

　　They will meet at (　　　　　　　　　　)
　　at (　　　　　　　　　　).

　Hint: 時間なので数字を聞き取る必要があります。どこに出てくるか分かれば、その前後にもよく注意を払ってみましょう。

◆２つの時刻を聞いた後で、前後の語句に注意すると、instead of が聞こえます。"instead of 6:30" と言っていることから変更後の時間は７時30分だと分かります。ここでは時間、すなわち数の表現に注意すれば必要な情報が理解できるのです。

2. ラジオの告知

　Q. 映画祭の開催期間と映画一本分のチケット代

　　The festival will be held (　　　　　　　　　　),
　　and a ticket costs (　　　　　　　　　　).

　Hint: 開催期間を聞き取る問題ですから、始まりに関する表現の前後に必要な情

12. 必要な情報のみを聞き取る

報が出てきます。たとえば、begin, start, from ... などの直後は特に注意して下さい。値段については、数値と単位(例、dollar, yenなど)の他にticket という言葉の前後にも注意します。ただし、何種類かの ticket を説明している場合もあるので、一つだけ聞き取ったからといって安心しないようにしましょう。

◆最初の方に "... from Thursday Nov. 7..." といわれていますから、11月7日木曜日からだと分かります。いつまでかは、from と対で from A to B という形で表現されるのが普通ですから、"from Thursday..." の後を注意して聞いてみると "to Sunday November 10th" と分かります。ただし、いつも直後に出てくるとは限らないので、その場合は 'end', 'final' などの表現に注意して聞いてみてください。

値段は 'ticket' という言葉の後で、"$3.25 (for each movie)" と "$10" の2カ所ありましたが、よく聞くと "$3.25 for each movie" "$10 for a one-day pass" といっているのが分かりますから、答えは $3.25 です。

3. 航空会社の電話案内

Q. 108便の出発時刻と出発地

The 108 will be leaving the (　　　　　　) Airport at
(　　　　　).

Hint: たくさんの数値(時刻表現)と地名が出てきますから、まず自分に必要な 108 という言葉に注意します。その際、飛行機の便名の "0" は "zero" と言うことも、"oh" と言われることもあるので、気をつけましょう。出発地を聞く場合、発着には arrive, arrival, depart, departure という表現が使われますが、発着地を表すときには arrive at や depart from という組み合わせが一般的ですのでそこに注意して聞きましょう。

◆108 は 'one-oh-eight' といわれていました。 その後に 'to Perth and Brisbane departing at 19:30' と続いて、目的地・時刻の順でアナウンスされていました。出発空港名ははじめの方に 'arrive and depart from Heathrow London" といっていました。

このように、多くの情報の中から自分が必要とする情報だけを聞き取ればよい場合があります。リスニングの練習やテストなどで選択肢から質問が予想できる時にも効果的な聞き方です。
　必要な情報を聞き取る場合、次のことに気を付けましょう。

(1) 必要な情報に関係のない部分にとらわれない
　分からないところがあってもすぐに気持ちを入れ替えることが大切です。
(2) 必要な情報に関連のある語句が出てきたら特に注意する
　その情報は英文のどのあたりで出てくるか予想しにくい場合もあるので、全体の流れを常に把握しておきましょう。
(3) 言い換え表現に気をつける
　どのような表現で出てくるか分からないので（例：ten years と a decade, two と a couple of)、その心構えをしておきましょう。
(4) 早とちりしない
　紛らわしい情報に惑わされないためにも、語句だけを聞いて答えだと決めつけてしまわないようにしましょう。

　一度聞き逃したり、あいまいにしか分からなくても、後で少し違う形で繰り返されたり、欠けている情報を取り戻すヒントが出てくる場合もありますので、最後まであきらめないでください。

  練習問題

必要な情報に注意してテープを聞き、質問に対する答えを選んでください。

1. *How late is the train?*
    a. 5 minutes　　b. 10 minutes
    c. 15 minutes　　d. 20 minutes
2. *How many more days did Jessica decide to stay in Oklahoma?*
    a. 1 day　　b. 2 days
    c. 3 days　　d. 4 days
3. (1) *Where did the inventor of basketball come from?*
    a. Springfield　　b. Jamestown
    c. Mexico　　d. Canada

(2) *What did they use for baskets in the early days of basketball?*
    a. soccer goals   **b.** peach baskets
    c. tin cans   **d.** cotton bags

4. (1) *Which two fields is the man considering as his major?*
    a. Chinese and art history
    b. computer science and business
    c. art history and computer science
    d. business and philosophy

(2) *What is the man's objection to studying business?*
    a. It's not interactive.   **b.** It's not useful.
    c. He is not really good at it.   **d.** He is not interested in it.

5. (1) *Where was Mozart born?*
    a. Berlin   **b.** Vienna
    c. Amsterdam   **d.** Salzburg

(2) *How old was Mozart when he began to compose symphonies?*
    a. five   **b.** seven
    c. nine   **d.** ten

(3) *Why did Mozart lose his popularity?*
    a. Because he was too young.
    b. Because he stopped composing music.
    c. Because his music wasn't pleasant.
    d. Because people didn't understand his musical style.

Section 13

会話の状況・場所・人間関係を探る

ことばを学習するとき、その背後にある文化を学ぶことが大変重要です。リスニングにおいても、背景の知識が必要とされます。それと同時に、話し手が置かれている状況、場所、人間関係などを把握して聞き取ることが大切です。このような基本的な状況設定にスポットを当てながら、英語のリスニングの力を向上させましょう。

> 例題

次の男性と女性との対話を聞き、話者の状況、対話の場面、両者の関係などについて考えてみましょう。質問に対する答として最も適当なものをa～dの中から一つ選んでください。

1. What meal is the woman having?
   - **a.** breakfast
   - **b.** brunch
   - **c.** lunch
   - **d.** supper

   対話の中で、女性が " I'm afraid it (coffee) would keep me awake." (コーヒーを飲むと眠れなくなるのではないかしら) と言っているので、この状況は夕食時の会話です。正解はdです。

2. Where would this conversation most probably take place?
   - **a.** on a train
   - **b.** on a bus
   - **c.** in an airplane
   - **d.** in an elevator

   対話の場所が問われています。選択肢に「乗りもの」の名前があげられていますが、男性の言葉にヒントがあります。Going up? (上ですか) Eight, please. (8階をお願いします) という表現から、場所はエレベーターらしいと察しがつくでしょう。正解はdです。

3. What is the relationship between the two speakers?
   - **a.** passenger and driver
   - **b.** client and lawyer

13. 会話の状況・場所・人間関係を探る

   c. guest and hostess
   d. customer and salesperson

   話者2人の関係を推察する問題です。男性が「パーティーはすばらしかった。こんなに楽しかったのは久しぶりだ」と言ったのに対して、"I'm so glad to hear that." (それはありがとうございます) と典型的な招待者側の表現で挨拶をしています。したがって、2人は、招待客とホステス (女主人役) です。for ages は「久しぶりに」の意味です。正解は c です。

ここで、会話の人間関係としてよく現われるいくつかの組み合わせを紹介しておきましょう。

① passenger (乗客) と driver (運転手)
② client (相談者、依頼人) と lawyer (弁護士)
③ guest (招待客、客人) と hostess / host (招待者、主人役)
④ customer (買物客) と salesperson (店員)

4. What is the relationship between the two speakers?
   a. professor and student
   b. doctor and patient
   c. manager and player
   d. instructor and student driver

   この対話の話し手の状況設定は、学生と先生のようです。assignment は「課題」「宿題」のことです。hand in は「提出する」の意味です。"you will get an F if you don't make it up on time" という表現から、もし、assignment を学期末までに提出しないと、F になってしまうということがわかります。F は Failure すなわち「落第」、「単位を落とす」の意味です。この例題の場合、女子学生と教師との対話場面であるということと、話し手が置かれている状況を把握することが、重要です。正解は a です。

練習問題

次の対話を聞いたあと、質問に対する答えとして最も適当なものを、a～dの中から一つ選んでください。

1. **a.** should have informed Mrs.Smith **b.** should have paid in advance
   c. should have used his phone card **d.** should have called his parents in Japan

2. **a.** take a picture of the bridge
   b. take the woman's picture
   c. ask the woman to take his picture
   d. ask the woman to move away from the bridge

3. **a.** a receptionist   **b.** a student
   c. a scientist   **d.** an instructor

4. **a.** in a theater   **b.** in a restaurant
   c. in a classroom   **d.** at the station

5. **a.** husband and wife
   b. employer and employee
   c. salesperson and customer
   d. clerk and cashier

6. **a.** at the airport   **b.** in a laboratory
   c. at the bank   **d.** in a hospital

7. **a.** at a dentist's   **b.** at a florist's
   c. at a hairdresser's **d.** at a grocery

Section 14

キーワード・キーファクツを把握する

　リスニングで内容を聞き取ろうとするとき、話の主題を理解するのに直接関わっている重要語を聞き取ることがとても大切です。このような語を**キーワード**と言いますが、キーワードは通常何回も繰り返して出てきます。ただし、出てくる回数が少なくても主題の理解に必要な語もあります。日本人は完全にすべてを聞き取らないと意味がつかめないと思いがちですが、英語話者でも一語一語、一音一音を確実に聞き取っているわけではありません。たとえば Aug. 6, Hiroshima, 8:15 a.m., ceremony という語が分かっただけでも、広島市の平和公園での原爆の日の慰霊祭(平和記念式典)のことが話題になっているということが明らかになるでしょう。このようにキーワードがつかめれば、話の大筋はわかったも同然なのです。そこで、この Section では特にキーワードに注意して話の内容を聞き取る練習をします。
　まず、次の例題を考えてみましょう。

> **例題**

　テープを聞いて、その文章を理解するうえで重要と思われる語（キーワード）を下の語群の中から5つ選んでください。聞きながらメモをとってもかまいません。

1. city　**2.** San Francisco　**3.** beautiful　　**4.** fog　　**5.** song　　**6.** town
7. hill　**8.** cable car　　**9.** up and down　**10.** speed　**11.** people　**12.** top

　テープでは、文の大意として、霧と坂の多いサンフランシスコでは美しい景色を楽しむためにケーブルカーが利用されているということが述べられています。したがって、この話のキーワードは、2、3、4、7、8ということになります。

練習問題 1

1. テープを聞く前に次のことについて考えてください。

    (1) ソーラー・カー・レースというのを聞いたことがあるでしょう。
    そのレースの車の特徴はどこにあるのでしょう。

    (2) 屋根の上に温水器を取り付けた家が見かけられますが，この温水器の利点は何でしょうか。

    (3) 水力発電・火力発電・原子力発電に代わる新しい発電方法が最近さかんに研究されています。どうしてでしょうか。

2. テープを一度聞いたあとで、印象に残った単語、覚えている単語をできるだけ多く書き出してください。

3. この話の中でキーワードはどれだと思いますか。次の語句のリストから6つを選んでください。(もう一度テープを聞いてもかまいません。)

1. Africa	**2.** atomic	**3.** battery	**4.** computer
5. electricity	**6.** energy	**7.** exhibition	**8.** factory
9. fuel	**10.** gas	**11.** satellite	**12.** sky
13. solar	**14.** sun		

4. この話にタイトルを付けるとすれば、次のどれが一番適切であると思いますか。

    1. Batteries　　　　　　　　**2.** Cooking by the Sun
    3. Electricity and Our Life　　**4.** Fuels in the Earth
    5. Solar Power

5. 次の質問に英語で答えてください。質問文すべてに目を通したあとで、もう一度テープを聞いてから答えてもかまいません。

    (1) In a Solar Exhibition in Arizona, what did a 13-year-old boy use to cook a hot dog?

14. キーワード・キーファクツを把握する

   (2) Why are solar cookers being used in India, Africa and some other parts of the world?

   (3) Are we receiving plenty of energy from the sun?

   (4) Do you think people are making the greatest possible use of solar power at present?

   (5) In the future, solar batteries will be quite useful for changing sun light to electricity. What must be done to make the sun's rays more available to us?

6. 5.の問題の質問文とその答えを用いて、この話を英語で言ってみましょう。

練習問題 2

1. テープを聞く前に、ペアを作りお互いに次の質問をしてみましょう。

   (1) コレステロールという言葉の意味を知っていますか。

   (2) 身近な人で誰かコレステロールの問題を抱えている人がいますか。

   (3) コレステロールはどの様な病気を引き起こすでしょう。

2. テープを聞きましょう。
   (1) テープは全部で3回繰り返されます。テープを聞きながら話の流れにそってメモを取りましょう。

(2) 聞き終わったら、メモを見ながらキーワードと思われる言葉を探し、次の語群の中から5つ選んで○で囲みましょう。

　　1. focus　　　　2. drug　　　　3. exercise　　　4. disease
　　5. cholesterol　 6. research　　 7. food　　　　　8. two hundred
　　9. lower　　　　10. doctor　　　11. diet　　　　　12. serious

3. 上の(2)で選んだキーワードを使って、今聞いたことの内容を3つの短い英文にまとめてみましょう。(キーワード以外の言葉を使っても、もちろんかまいません。)

4. つぎの質問に英語で答えてください。質問文すべてに目を通したあとで、もう一度テープを聞いてから答えてもかまいません。

　a. Over what point is the high risk level in terms of cholesterol?

　b. Why is it dangerous to have a high cholesterol level?

　c. Do diet and exercise work well for all the people who have the cholesterol problem?

　d. Do the new drugs cause serious side effects?

　e. How many Americans are taking cholesterol drugs now?

Section 15

話者の意図を推測する

　人が言葉を話すときには、それが演説であろうと日常のありふれた会話であろうと、そこには必ず何らかの意図が含まれています。言いかえると、話者はその意図を伝えるために言葉を発し、聞き手にメッセージを送っているのです。しかし、人が発する言葉は実に複雑で、たとえ同じ言葉であっても言い方や状況によってまったく違った意味・意図を伝えることがあります。言葉は、意図を明確に伝えるためには有効な手段ですが、話し手の真意が必ず表面的な言葉に反映されるわけではありません。したがって、聞き手は、聞こえてくる言葉だけではなく、抑揚、言葉の強さ、表情、視線、身体の動きといったあらゆる要素を総合して話者の言外の意図や微妙な感情の動きをくみ取らなければならないのです。

　相手の意図が理解できれば、半分内容を聞き取れたようなものです。逆に、いくら細かい箇所が聞き取れても、話者の意図をくみ取ることができなければ、内容を本当に理解したことにはなりません。

|例題1|

　次の会話を聞いて、最初の話者の意図を考えてみてください。

Man: 　Since you are living with us, I expect you to come home by dinner time. Did I make myself clear?

Woman: 　I'm sorry, Dad.

　　　(1) 男性は相手の人に何かを聞いている。
　　　(2) 男性は相手の人に怒りを表わしている。
　　　(3) 男性は相手の人に命令しようとしている。

　男性の意図を考える前に、話者の関係や会話の状況をまず考えてみてください。女性の言葉から、男性はお父さんで、女性は彼の娘さんであることが想像できます。また、この娘さんが夜遅く帰宅したところにお父さんが待ちかまえていて、かわいそうな彼女はお父さんから

大目玉を食らっている、という場面を思い浮かべた人もいるかも知れません。では、お父さんが娘さんに言いたかったことは、「もっと早く帰ってきなさい」、あるいは、「食事の時間までに帰ってくること」であると想像することができます。どちらも命令のようにとれますから、(3)が正解ということになるでしょう。でも、ちょっと待ってください。正解はたった一つでしょうか。

　(2)はどうでしょう。遅く帰ってきた娘さんに対して、お父さんは少し怒りを感じているかも知れません。したがって、これも正解の可能性があります。最後に(1)ですが、これも間違いとは言えません。なぜなら、お父さんの最後のセリフで「わかったか」と娘さんに聞いているからです。というわけで、(1)、(2)、(3)のすべてに可能性があるということになります。

　皆さんはたった一つの正解を出すことに慣れているかも知れません。しかし、言葉には様々な意味や話者の意図が隠れています。このsectionでは想像力を働かせ、いろいろな解釈をすることを心がけてください。語学のセンスを磨くには、唯一の正解を追いかけるばかりではなく、言葉の裏にある話者の微妙な心理に注意を払い、可能なかぎりの解釈を試みることを習慣づける必要があります。

> 例題 2

　次の会話を聞いて、話者の意図を考えてみましょう。話者の意図として適切であると思われるものに○、可能性があるものには△、可能性がないと思われる場合には×をそれぞれ[　]に記入してください。

(1) The man doesn't like "it."　　[　　　]
(2) The man is grateful.　　[　　　]
(3) The man doesn't know what "it" is called.　　[　　　]

　本当にそれが気に入ったかどうかは本人にしか分かりません。したがって、「気に入らなかった」という(1)と、「気に入った」という(2)は両方可能性があるわけです。特に、この男性が使っている表現は、素直に解釈すると、「うれしくて、どう感謝の気持ちを表わしていいか分からない」ととるのが一般的だと思われますので、(2)を○、(1)を△としておきます。(3)の「それが何という物か(何と呼ばれているのか)知らない」という解釈も、絶対不可能とは言い切れませんが、かなり

15. 話者の意図を推測する

ひねくれた解釈と言っていいでしょう。したがって、×としておきます。

では次の練習問題をやってみましょう。

練習問題

次の会話を聞き、二人目の話者の意図として適切と考えられるものを選択肢の中から選んでください。

1. a. The woman is trying to calm the man down . [   ]
   b. The woman is trying to cure his sickness. [   ]
   c. The woman is trying to upset the man. [   ]

2. a. The woman wants the man to come with her. [   ]
   b. The woman wants the man to repeat what he has said. [   ]
   c. The woman wants the man to say what he has in mind. [   ]

3. a. The woman is interested in going out with the man. [   ]
   b. The woman is not interested in going out with the man. [   ]
   c. The woman is trying to say that she doesn't like the man. [   ]

4. a. The man is trying to cheer the woman up. [   ]
   b. The man is sympathetic to the woman. [   ]
   c. The man is trying to convince the woman that Lisa is a friend of Fred's. [   ]

5. a. The man is very angry. [   ]
   b. The man agrees with his wife. [   ]
   c. The man thinks that the woman should clean the kitchen. [   ]

6. a. The woman probably thinks the tie looks great. [   ]
   b. The woman probably thinks the tie looks awful. [   ]
   c. The woman probably thinks the tie looks out-of-date. [   ]

7. a. The man likes the soup, but he is not hungry. [   ]
   b. The man likes the soup. [   ]
   c. The man doesn't like the soup. [   ]

8. a. The man wants to continue fighting. [   ]

87

    b. The man wants to stop fighting.　[　　]
    c. The man wants to show the woman how strong he is.　[　　]

9. a. The man wants to tell the woman that he knows where Mr. Brown is.　[　　]
    b. The man is trying to express how he feels about Mr. Brown.　[　　]
    c. The man thinks that Mr. Brown may be at home.　[　　]

◆隣りの人と答えを比べてください。どうしてそう思ったのか、話し合ってみましょう。

Section 16

話の展開を予測する

　私たちは他人が日本語で話すのを聞く際、無意識のうちに「次に何が話されるのか」を予測しながら聞いています。英語のネイティブスピーカーも、私たちと同様に、話を予測しながら英語を聞いているのです。その際、彼らはトピック、内容、会話の状況、人間関係、論理の展開、体験、語彙、表現法、文法など、あらゆる情報を総動員して話を予測しています。しかしながら、私たちが英語を聞く際、あまりそれができていないのが現状です。ではどうすれば予測して英語を聞くことができるのでしょうか。それには、ある程度の語彙力、背景知識、文法力、英文構成力などが必要で、状況判断や英語の論理的展開についても熟知した上で、これらの知識と情報をフルに活用して初めて予測が可能になるのです。この Section ではリスニングテストにおいて予測する要領を学習することにします。

　具体的には、先に重要な単語を見ておいてから、会話の内容、場所、話し手などを予測したり、選択肢(答え)から質問を予測する練習をします。英語を聞く前に予測する力を身につければ、今までスピードが速くて理解できなかった会話も、ある程度分かるようになるでしょう。これまで、予測しながら聞くことをほとんどしなかった人は、受け身的に英語を聞いていたはずです。今後は、「誰が、誰に、何を、いつ、どこで、どのように、なぜ」するのか、いわゆる**5W1H**(who, what, when, where, why, how)などを積極的に予測する姿勢でリスニングに臨んでください。英語はこれらのことに次々と答えてくれる言語なのです。ではいくつかの方法で、実際に予測をしてみましょう。

例題 1

リスニングの際、聞こえてきた単語から会話の内容を予測することが必要です。これからいくつかの単語が聞こえてきます。これらの単語に共通しているものは何でしょうか。

Jewish, Protestant, Catholic, Islam, Buddhist, Christianity, Monk, priest などはいずれも宗教関連の単語ですので、答えは religion（宗教）です。練習問題では共通項を探すよう努めてください。

練習問題 1

では同じ要領で、次の問題をやってみましょう。

1. They are talking about （　　　　　）.
2. They are talking about （　　　　　）.
3. They are talking about （　　　　　）.
4. They are talking about （　　　　　）.

例題 2

次の単語を聞いて、会話の行なわれている場所と内容を推測してください。

　　　They are at ＿＿＿＿＿＿＿＿＿＿＿＿＿＿＿＿＿＿ .

　　　They are talking about ＿＿＿＿＿＿＿＿＿＿＿＿＿＿＿＿ .

以上の単語を聞いて、共通しているものは何でしょうか。
bracelet, earring, ring などはアクセサリーです。また、sales clerk, customer, expensive から宝石店（the jewelry shop）で買物（buying a jewelry）をしているというのが答えです。

5つのWと一つのHに注目することは、リスニングにおいて大切なことです。

これからの練習問題2の1では、where と what を考えながら単語を聞いてください。

練習問題 2

同じ要領で、次の問題をやってみましょう。

16. 話の展開を予測する

1-A 次の単語を聞いて、会話の行なわれている場所と話の内容を推測してください。

They are at _____.

They are talking about _____.

1-B テープを聞いて空欄を埋めてください。Aで行なった推測は合っていましたか。

T: Ticket agent　　*P:* Passenger

T: Hello. Are you checking any baggage?
P: Yes. I am checking this suitcase.
T: Do you prefer an aisle seat or a window seat?
P: _____.
T: OK. Would you prefer smoking or non-smoking?
P: _____.
T: OK. Your flight will be departing from Gate 21. And boarding will begin at 2:00. This is your boarding pass.
P: Thanks.
T: _____ . _____ !

2-A 次の単語を聞いて、会話の行なわれている場所と話の内容を推測してください。

They are at _____.

They are talking about _____.

2-B テープを聞いて空欄を埋めてください。Aで行なった推測は合っていましたか。

CU: Customer　　*CL:* Clerk

CL: Good morning, sir. May I help you?
CU: Yes. Could you please cash these traveler's checks?
CL: Sure. _____ ?

CU: Here is my passport.

CL: Very good. _____ ?

CU: Well, two of these one hundred dollar ones.

CL: Okay. _____ .

CU: There you go.

CL: _____ ?

CU: A hundred, one fifty, and five tens.

CL: That's a hundred, a fifty, sixty, seventy, eighty, ninety, two hundred.

CU: Thanks a lot.

CL: Thank you. Bye.

例題 3

リスニングテストにおいて選択肢から質問を予測することも大切です。ここでは、その練習をしてみましょう。次の(1)～(4)の選択肢を見て、予測される質問を(a)～(c)から選んでください。

(1) to a cafe **(2)** to a disco
(3) to a movie **(4)** to a jazz bar

Q: (a) *Where would the conversation most probably take place?*
   (b) *Who are the speakers likely to be?*
   (c) *Where are the speakers going?*

　上の選択肢には、いずれも to という方向を示す前置詞がついています。それらの答えに合う疑問詞は、who ではなく where であり、方向を聞いているのは(a)ではなく(c)だとわかります。文法的に質問と答えが合致しているかどうかを確認することは大切なことです。

16. 話の展開を予測する

練習問題 3

では同じ要領で、次の問題をやってみましょう。

1. **a.** at the bank　　　**b.** at the police station
   c. at the restaurant　**d.** at the hospital
   Q: (a) *Who are they talking about?*
   　　(b) *Where is this conversation likely to take place?*
   　　(c) *What are they talking about?*

2. **a.** by train　　**b.** by air
   c. by car　　　**d.** by ship
   Q: (a) *Who is she likely to be?*
   　　(b) *How does she get there?*
   　　(c) *What time does she get there?*

3. **a.** running　　**b.** playing tennis
   c. swimming　**d.** playing soccer
   Q: (a) *What is her favorite sport?*
   　　(b) *Who is the speaker likely to be?*
   　　(c) *Where is she going?*

4. **a.** He likes *Gone with the Wind* best.
   b. He likes *Aliens* best.
   c. He doesn't have any favorite movies.
   d. He likes *Independence Day* best.
   Q: (a) *Where is he likely to be?*
   　　(b) *Where is his favorite place?*
   　　(c) *Which movie does he like best?*

練習問題 4

テープを聞く前に次の選択肢を読み、予測される質問文を Question のところに書いてください。次にテープを聞き、選択肢の中から最も適切な答えを選んでください。

1. **a.** Because she is fine.
   b. Because she is sick.
   c. Because she is not interested in it.
   d. Because she is busy.

   Question: _____

   Answer: _____

2. **a.** coke   **b.** orange juice
   c. coffee   **d.** beer

   Question: _____

   Answer: _____

ある程度予測して聞けるようになりましたか。今後、リスニング問題に取り組む際、ここで学んだストラテジーを十分活用してください。内容を理解するための助けになります。

Section 17

論理の展開を把握する (1)

　日本語の文章や日本人の会話は、よく英語圏の人から「あいまいだ」とか「何が言いたいのか分からない」と言われます。これには、まず日本語が英語ほど論理的にはっきりと展開される言語ではないことが理由にあげられるでしょう。また英語では、基本的には一般的なことから具体的なことへと話を進めていくという違いも理由のひとつかもしれません。

　私たちは、あるまとまった文章を読む時、まずは全体の流れ、つまり、その文章の起承転結を把握し、大まかな要旨を理解していると思います。それから必要に応じて、段落ごとに言いたいことを確認したり、例などをあげながらそれをより詳しく説明している部分を読み取っていることでしょう。このことは、授業や講義、または演説やインタビューの場面でも当てはまります。

　この Section では、まず最初に文章の論理的展開を見ていきましょう。文章は普通、Introduction（導入）・Body（本論）・Conclusion（結論）の３つの部分から構成されています。

1. Introduction（導入）

　ここでは、聞き手がこれから話される内容を十分理解できるよう、話のテーマやタイトル、あるいは、おおまかなアウトラインなどが簡潔かつ明瞭に紹介されます。この部分をうまく聞き取ることができれば、後の内容理解が非常に容易になります。要旨を述べる時の具体的な言い方としては、以下のような表現があげられます。

> Today, I'm going to speak about....
> Today, I'd like to talk about....
> In this speech, I will focus on....
> In this chapter, we will discuss....

2. Body（本論）

　導入で紹介したテーマやタイトルについて具体的に展開していく部分です。ここでは、いくつかの段落に分けて、言いたいことを論理的に述べていきます。それぞれの段落の最初に、First, Second (Next), Third (Then) などの語を使い、段落の変化を明確にする場合もあります。

　各段落における構成としては、次の2つがあります。

(1) Topic sentence
　ふつうは段落の初めの方に見られ、その段落で言いたいことを簡潔に述べる文です。
(2) Supporting details
　Topic sentence の中で述べられた話者の主張に対する根拠や具体的な例（数量や事実など）を表わす部分です。例をあげる場合は For example, For instance, It's because..., The reason for this is... などが用いられます。

3. Conclusion（結論）

　ここでは、話し手の主張を繰り返したり、内容の要約をしたりします。この部分には In conclusion..., Finally..., I would like to conclude..., To sum up... などの言い回しが使われます。

　こうした長い文章に慣れるためには、少し長めのいろいろなテープスクリプトやエッセイなどを使って、introduction, body, conclusion を区分する練習をすることもいいでしょう。また段落ごとに topic sentence や supporting details を探す練習をすることも効果的です。リスニングの際も、この展開を十分に認識していれば、内容把握にとても役に立ちます。英語における論理的展開に慣れることは、私たち日本人英語学習者には不可欠なリスニングストラテジーです。

　では、次の例題にチャレンジしてみましょう。

17. 論理の展開を把握する (1)

> 例題

今から短いスピーチを聞いてみます。Introduction, body, conclusion で何が話されているか聞き取って、日本語で答えてみましょう。

1. Introduction

   _____

2. Body

   1. _____
   2. _____
   3. _____
   4. _____

3. Conclusion

   _____

 Introduction では、"Now, I'll show you several ways to improve your listening skills in English." とあります。つまり、「英語のリスニング上達法」がここでの解答でもあり、このスピーチのトピックとなるところです。"Now, I'll show you..." というトピックを導入する表現に注意してください。

 Body では、"first", "second", ... という語に注意して聞けば、解答が得られます。ここでは、「英語のリスニング上達法」に関する4つの方法が具体的にあげられています。すなわち、「英語をできるだけ多く聞くこと」、「英語の自然な速度に慣れること」、「自分なりにゴールを設定すること」、「英語を積極的に使うようにすること」です。

 Conclusion では、「リスニングが上達することで、コミュニケーションがうまくとれるようになり、世界観が広がる」といっています。"To be good at listening will help you to be a good communicator and thus, you can expand your views of the world." とあります。

練習問題

今から聞くスピーチは、現在日本の高校に通っている賢二君が、父親の仕事の都合でアメリカに渡り、5年間のアメリカでの学校生活について感じたことを話したものです。下にあげた表は賢二君が書いたスピーチのアウトラインです。テープを聞く前にこのアウトラインに目を通してください。次に、このスピーチ全体を聞いておおまかな内容を理解しましょう。それから、段落ごとに聞き、表の下線部に適当な言葉を英語で入れ、このアウトラインを完成させてください。

< MY EXPERIENCE IN AMERICA >

1. **INTRODUCTION**

    Talk about _____

    Came back to Japan _____ months ago

    Stayed in America for _____ years

    Moved to Seattle in 1994 for _____

    ● *Seattle*

    -Northwest of America

    -_____ in the State of Washington

    -Close to Canada

    -Has a lot of _____

    -Faces Puget _____

2. **BODY**

    (1) Before going to America

    　　-Shocked: *Reasons*

    　　　　1) Didn't want to leave _____

    　　　　2) Didn't know _____

    (2) Mercer Island Middle School

    　　-Surprised

    　　-School different

17. 論理の展開を把握する (1)

  1) _____

  2) Floors colorfully carpeted

  3) Students - _____ and _____

(3) Homesick

 -Once cried: *Reasons*

  1) Didn't understand _____

  2) Didn't have _____

 -Frustrated: Students laughing, but not me

 -Decided to study English harder

  Parents introduced _____ ⇨ helpful

(4) A year later (Second year)

 -Started to speak English/feel relaxed/make friends

 -Secrets of making friends

  1) Tried to _____

  2) Took PE & Art

(5) Third year

 -Liked American school better: *Reasons*

  1) Teachers & friends- _____

  2) Classes- _____
   keyboarding/drama/drawing
   Classes according to abilities and interests

  3) Freedom

  4) Almost no school rules about _____ and _____

(6) Advice for living and studying in America

 -Speak English the best you can. Express yourself.

 - _____

 -Consult advisor or teacher when in trouble

3. **CONCLUSION**
    Had wonderful experience

    Learned a lot about _____ and _____

    _____

    Will be a great benefit

Section 18

論理の展開を把握する (2)

　Section 17で学習したように、英語と日本語においてはその論理の展開法に違いが見られます。そこで、このSectionでは具体的にどのような言葉を手がかりにして論理の展開を把握したらいいかを練習します。

　話し手が何を言おうとしているのかその真意を推測する時や、これから会話や論理がどのように展開していくのかと予測したり把握しようとする時に、大きな手がかりとなるのが**ディスコースマーカー**(discourse markers＝以下DMと表記します)と呼ばれるものです。DMとは、ディスコース(言葉による思想の伝達、会話、談話、講演、講話)における「道路標識」のようなものです。行く先にどんなものがあるのか、その「標識」の方向に進めばどこへたどりつくのかといったことを知らせる手がかりとなります。

　全てのDMを紹介することはできませんが、ここでは次の5つのDMについて学習しましょう。

1. 順番を表わすDM
2. 結論を導入するDM
3. 逆説を表わすDM
4. 付加情報を導入するDM
5. 新しい話題に入る時のDM

1. 順番を表わすDM

first(米)/ firstly(英)	まず最初に
second(米)/ secondly(英)	2番目に
third(米) / thirdly(英)	3番目に
finally / lastly / at the end	最後に

上記のようなDMが聞こえたら、順番に何かが説明されることが予測されます。DMに早い段階で気付けば、たとえ最初の部分を聞き落としたとしても、2番目や3番目から聞き取ることができます。それでは、これらのDMが含まれた例題を聞いて、以下の問題にチャレンジしてみましょう。

例題 1

1. この会話で使われているDMは何ですか。
2. まず最初にカードリーダーに何を入れなくてはいけませんか。
3. 3番目に何をセットしなくてはいけませんか。2つあげてください。
4. 最後に何をしなくてはいけませんか。

　まず質問が印刷されている時は、どんな場合もまず質問に目を通しておきます。次にfirstlyと聞こえてきたら、箇条書きのように順番に何かが説明されることが予測されるので、メモ等をとって内容を把握します。この時、名詞や動詞が重要な情報源になっている場合が多いことも覚えておきましょう。聞き取れなくても途中であきらめず、次のDMが聞こえてきたら気持ちを切り替え、それ以降を聞き取ろうとすることが大切です。firstlyの後に、put a prepaid photocopy cardという語句が続きます。

　問題(2)では、"what"つまり「何」が問われているので、"a prepaid photocopy card"が正答になります。

　問題(3)では、setする2種類のものが問われています。thirdlyの後にsetが続き、そしてthe sizeとthe number of photocopiesがandでつながっているのが聞き取れましたか。

　問題(4)では、最終的には何をするのかが問われていますから、finallyというDMの後に聞こえてくる動作を表わす言葉に注意して聞けばいいのです。press this green button　が答えです。

　それでは、もう一度テープを聞いてみましょう。

2. 結論を表わす DM

in conclusion	結論として
as a result / consequently	結果として
therefore / so / accordingly	それ故に

　上記のような DM が聞こえたら、これから話されることはある主張に対する結論、または、ある原因に対する結果を表わす部分であることが分かります。たとえ途中の部分が理解できていなくても、この部分が理解できていればそれでもいいという状況もあります。日本人学習者に多い傾向としては、「途中でわからなくなったら、それ以降聞く気がなくなる、不安になる」ということがありますが、この DM を学習しておくことで、この点が克服できるでしょう。それでは、これらの DM が含まれた例題を聞いて、以下の質問にチャレンジしてみましょう。

例題 2

1. この会話で使われている DM は何ですか。

2. David に何が起こりましたか。

　まず質問に目を通しておきます。最終的に David に何が起きたかを理解できればよいので、結論を表わす DM に注意して聞けばいいわけです。As a result が結論を導く DM ですので、he's been hospitalized（入院している）が答えになります。このように DM を手がかりにすれば、必要な話の内容がより明確に理解できるようになるでしょう。

3. 逆説を表わす DM

however / but	しかし
on the other hand	一方
on the contrary	これとは対照的に

このような DM が聞こえたら、これ以降の会話や論理の展開は今までの逆になることが予測できます。ですから、この DM 以降が理解できれば、それ以前が理解できていなかったとしても、「反対のことを言っていたんだな」と、なんとなく内容を推測することも可能です。

[例題 3]
1. この会話で使われている DM は何ですか。
2. 英国ではレモンのイメージはどういうものですか。

　この会話では、"on the contrary" が DM として使われています。その後に "the image of lemon is something bitter and sour" とあるので、答えは「にがい、すっぱい」になります。

4. 付加情報を表わす DM

and	そして
moreover / furthermore / in addition	さらに
then	それから

　このような DM が聞こえたら、これから話されることは今までの内容に加え、さらに詳しい情報が提供されることが予測できます。また、この DM 以前が理解できていなかったとしても、その付加情報からそれまでの内容を推測することも不可能ではありません。

[例題 4]
1. この会話で使われている DM は何ですか。
2. レストランに行った後、マイクの上司はみんなをどこに連れていきましたか。

　この会話では、"furthermore" が DM として使われています。その後に、"he took us to a pub and a bar and made us drink more." とあるので、答えは「パブやバーに連れて行った」になります。

18. 論理の展開を把握する (2)

5. 新しい話題に入る時の DM

now	さて
by the way	ところで
next	次に

　このような DM が聞こえたら、これ以降の会話や論理の展開は、今までとは違った新しい話題が展開することが予測できます。結論を表わす DM で説明したように、たとえ今までの部分が理解できていなくても、この DM を手がかりにして、少なくともそれ以降の新しい話題についての内容理解に努めることができます。

例題 5

1. この会話で使われている DM は何ですか。
2. この男性はワシントン DC からどこに話を変えようとしていますか。

　この会話では、"By the way" が DM として使われています。その後に、"have you ever been to N.Y.? It's worth visiting." とありますので、2. の答えはニューヨークです。

　上の 5 つの例題では、それぞれの DM に焦点を当てて短い英文の中で学習してきましたが、次の練習問題では、大学の講義のようなもっと長い話を取りあげてみました。DM を手がかりにして、全体の論旨の展開を把握し、内容を理解することに挑戦してみましょう。

練習問題

　ここでは、大学の心理学の講義を聞くことを想定してみました。ひとつひとつの文章もかなり長いものもあり、専門的な語彙も出てきます。難しいと思われる語彙には、段落ごとに日本語訳を与えています。では、これまで本書で学習してきたいろいろなリスニングストラテジーをフルに活用して、この問題にチャレンジしてください。
　これから、「夢」についての講義を聞いていきます。ここでは、人はどのような状況で夢を見るのか、夢を見ることはいったい何を意味しているの

か、なぜ、人は夢を覚えていることが難しいのか、また実際に夢を記録し分析することにはどのような意義があるのかが話されています。

(1) まずは、分からない単語や表現があっても、あまり気にせず、全体のおおまかな流れを聞き取ってみましょう。ペアあるいはグループごとに分かれて、どれくらいの情報が聞きとれたか、話し合ってみましょう。
(2) 次に段落ごとに聞いて、それぞれの質問に答えてみましょう。

●第1段落
<設問>テープを聞き、下の質問に対しもっとも適当なものを選んでください。
  Q: *What is the professor going to focus on in this lecture?*
    1) the number of people who dreamed the night before
    2) the importance of knowing your dreams
    3) the answers to the questions raised in the last lecture

●第2段落
<Words & Phrases>

eyelid	まぶた	**as if...**	あたかも…のように
REM（rapid eye movement）	高速眼球運動		
REM sleep	レム睡眠	**be associated with...**	…と関係している

<設問1> 次の質問に対し、もっとも適当なものを選んでください。
  Q: *What is the main idea discussed in this part?*
    1) REM sleep is associated with dreaming.
    2) Many people dream three to five times a night.
    3) REM sleep can also be seen in some animals.

<設問2> 次の質問に対し、日本語で答えましょう。
  (1) 人が夢を見ているかどうかは、どのようにして分かりますか。

  (2) レム睡眠は、およそ何分ごとにやってきますか。

  (3) 研究によると、レム睡眠中に起こされたとき、およそ何パーセントの人が夢を見ていると答えましたか。

18. 論理の展開を把握する (2)

●第3段落
<Words & Phrases>

> **Sigmund Freud**　ジークムンド・フロイト(オーストリアの精神科医)
> **unconscious mind**　無意識の心　　　　　　**reveal**　表す
> **dream symbol**　夢のシンボル　　　　　　　**current life**　現在の生活
> **pleasant**　愉快な　　　　　　　　　　　　**unpleasant**　不快な
> **frequently**　しばしば　　　　　　　　　　**pursue**　追う

<設問1> 下の質問に対し、もっとも適当なものを選んでください。
  Q: *What is the main idea discussed in this part?*
  1) The dream of flying probably means the dreamer's desire to escape from his or her current life.
  2) The content of dreams varies; it could be pleasant or unpleasant.
  3) A dream is a good way to understand our unconscious mind but it is not always easy to understand our dreams, because the unconscious mind is often revealed as symbols.

<設問2> 下の質問に対し、日本語で答えましょう。
  (1) 夢の研究はフロイトによって、いつ頃始められましたか。

  (2) 人は愉快な夢と不快な夢とでは、どちらをよく見ると言われていますか。

  (3) 人がよく見る夢の例としてどのようなことがあげられていますか。

●第4段落
<Words & Phrases>

> **precisely**　正確に　　　　　　　　　　　　**include**　含む
> **cast of characters**　登場人物　　　　　　　**plot**　筋書き
> **attached to...**　…に結びつけられた　　　　**review**　検討する
> **symbolize**　象徴する

107

<設問>この段落では、自分の夢を記録し分析することが話されています。その方法について（ ）の中に適当な言葉を入れてください。

まず寝る前に枕元に(1.　　　　　　　)を用意しておきます。目をさますと同時に、できるだけ正確に見た夢を書きとめます。たとえば登場人物、場面や状況、あらすじ、あなたのその夢にまつわる(2.　　　　　　　)などです。夢を記録するのに(3.　　　　　　　)を使うのもいいでしょう。それから(4.　　　　　　　)、もう一度その夢を検討します。最後にその夢の中の登場人物や物が(5.　　　　　　　)か考え、夢からのメッセージを探します。

● 第5段落
<Words & Phrases>

dull sound 鈍い音	**in the distance** 遠くで
release 放つ	**dash** 急いでいく
tidal wave 津波	**approach** 近づく
narrowly かろうじて	

<設問>この段落では、ある学生の夢の例が紹介されています。その夢の内容について（ ）の中に適当な言葉を入れてください。

私は何か鈍い音と(1.　　　　　　　)に突然起こされました。窓から外を見ると、遠くに(2.　　　　　　　)。私は急いで階段を駆け下り、(3.　　　　　　　)ことを考えました。しかし、(4.　　　　　　　)がまだ鎖につながれていることに気付き、家へ戻り、鎖をはずし、しっかりと胸に抱いて、山の方へと急いで逃げました。(5.　　　　　　　)が近付いて来ていましたが、かろうじて逃げきりました。

18. 論理の展開を把握する (2)

●第6段落
<Words & Phrases>

tend to　する傾向がある	repeatedly　繰り返して
terrible incident　恐ろしい出来事	every once in a while　時々
occur　起こる	cannot do anything but...　…以外何もできない
completely　完全に	helpless　無能な
struggle　苦しむ	regret　後悔
somewhat　なんとか	feel relieved　ほっとする（気が楽になる）

<設問>この段落では、学生が自分が見た夢を分析しています。その分析の内容についての質問に日本語で答えてください。

(1) この夢を見るまで、この学生は飼っていた犬のことを思うと、自分自身に対してどのように感じていましたか。

(2) また、(1)のように感じていたのは、どうしてですか。

(3) この夢を経験した後、この学生は飼っていた犬に対する自分自身の気持ちがどのように変わりましたか。

(4) また、(3)のように感じているのは、どうしてですか。

●第7段落
<Words & Phrases>

hidden meaning　隠された意味	take advantage of...　…を利用する

<設問>この段落では、この講義の結論が述べられています。どうして人は自分自身の夢を記録することが大切なのですか。簡単にまとめてください。

Section 19

背景知識を活用する

　この Section では、リスニングの時に背景知識をうまく利用して聞き取りをする練習をします。**背景知識**とは、読み手や聞き手がすでに知っていることが前提となっていて、会話や文章の中では直接には説明されていない事柄・知識です。広い意味では単語や表現、文法なども含まれるのですが、ここでは、話題になっていることに関する知識、登場する国や民族やその他の集団の文化・常識に関すること、個人的な情報などについて扱います。日常の会話でもこういった情報を話し手と共有してはじめて話がよく理解できることも少なくありません。日本語の場合でも、自分があまり知らない分野の話は理解しにくいと感じるときがありますが、それはその話題についての背景知識が少ないからです。つまり私達は無意識のうちに背景知識を利用しているのです。英語で理解するときも、この背景知識をうまく利用することが非常に大切です。

　では、具体的に背景知識を使う練習をしてみましょう。例えば、アメリカのスーパーマーケットのレジでこう聞かれたとします。

"Paper or plastic?"

　どういう意味か分かりますか。アメリカのスーパーマーケットではたいてい客が紙袋かビニール袋かを選べるのです。そのことを頭において考えてみてください。このような背景知識があれば理解しやすくなります。同じ場面で、こう聞かれたらどうでしょう。

"How would you like to pay, cash or charge?"

　スーパーマーケットで食料品などを買った場合もクレジットカードが使えます。また、アメリカでは小切手(check)もよく利用されています。現金以外にも、支払いの方法がいくつかあることを知っていれば、理解しやすくなります。

19. 背景知識を活用する

　背景知識を豊かにするには普段からの心がけが大切です。英語学習者にとって、英語が話されている国や地域の文化や生活習慣についての知識の欠如は、英語を聞き取る上で大きなハンディキャップとなっています。多くの英語教材が背景知識を豊かにするような情報を多く扱っていますが、残念なことに、読むこと、聞くことだけに集中してそういった情報をあまり吸収しないで終わってしまう人も少なくありません。英語学習以外でも、情報収集のチャンスはいくらでもあります。多くの情報を吸収すれば聴解力を伸ばす上で大きなプラスとなることでしょう。

練習問題 1

次の会話の状況を把握しながらテープを聞いて、それぞれの質問に日本語で答えてください。分からない場合はヒントを参考にしてみましょう。

(1) a conversation between two friends
　Q: *Why can they get an extra hour to sleep tonight?*
　　(***Hint:*** What is the Daylight Saving Time?)

(2) a conversation between Cindy and Mike in Chicago
　Q: *The travel agency is open till 5:00, but Cindy says it's too late to call now. Why?*
　　(***Hint:*** How many time zones are there in the U.S.A.?)

(3) a conversation between Tom and Emily
　Q: *Why did Tom pinch Emily?*
　　(***Hint:*** What do people do on St. Patrick's Day?)

(4) a conversation at a supermarket
　Q: *Why does the clerk need to check his ID before selling alcohol?*
　　(***Hint:*** What information is the clerk interested in on the ID?)

(5) a conversation at a restaurant
   Q: *What is 'wheat'?*
   （***Hint:*** 'Scramble' and 'sunny-side up' are the ways eggs are cooked. Then what are 'whole wheat' and 'white'?）

　次の練習では、よく知っている事柄についての英文を聞きます。背景知識を最大限に利用して英文を理解する練習をしましょう。

例題
　今から、日本の文化に関する英文と、アメリカの文化に関する英文を聞きます。聞き取れた事柄をあげてみましょう。わからない表現や単語があっても背景知識を利用しながら理解に努めてください。

(1)

(2)

　背景知識のおかげで理解できた部分はありましたか。背景知識が足りなくて理解しづらかった部分はありませんでしたか。また、中には自分が「聞いた」と思った事柄の中にも、実はふれられていなかった、というものもあったかもしれません。もしそうならば、それは英文を聞きながらあなたが背景知識に頼り過ぎたせいかもしれません。背景知識の利用は聞き取りに欠かせませんが、背景知識だけを頼りにして早とちりをしたりしないよう注意しましょう。

練習問題 2
　今からアメリカの文化に関する英文と、日本の文化に関する英文を聞きます。文中の内容と一致しているものを選んでください。（ふれられていないものは選ばないこと。）

(1)
　1. グランドホッグデイには人々が野に出てグランドホッグの穴を探す。
　2. グランドホッグは毎年2月2日に春が来たかどうか確かめに穴から出て来る

と言われる。
3. 毎年2月2日はグランドホッグが冬眠をやめる日と言われることから、春の始まりとされている。
4. グランドホッグはせっかく穴から出て来ても、晴れていたらまた穴に戻ってしまう。
5. グランドホッグが群れで現われるとその年の春は短いとされる。
6. グランドホッグが穴に戻ると人々は春の訪れはまだ先であると判断する。
7. グランドホッグは穴の中に住むので日陰を好む。

(2)
1. てるてる坊主には顔を描かないことが多い。
2. てるてる坊主は窓のそばにつるされる。
3. てるてる坊主作りは子どもにとって、雨の日の家の中でのよい遊びになっている。
4. てるてる坊主が伝えられているような効き目や力を発揮したら、大切に取っておいて再び使う。
5. 運動会などの前の日に、学校で作ることもある。
6. 逆さまにつるすと全く逆の効果をもたらすと言われている。
7. てるてる坊主は子どもだけでも作れるくらい簡単だ。

　これらの2つの英文は単語・表現の難しさやスピードなどの面であまり難易度は変わらないと言えますが、背景知識に関しては一般の日本人英語学習者にとってはかなり差のあるトピックです。背景知識がある場合とない場合で英文の理解のしやすさに違いはありましたか。自分が背景知識を使っているという実感はありましたか。

　この Section を通して背景知識を活用することの重要さが理解できたことでしょう。背景知識を利用することで、話の展開が読みやすくなるので先々を考えながら聞き進めることができる上、聞きもらした語句や分からない単語・表現を背景知識を用いて推測することもできます。背景知識を利用することで自分の英語力の足りない部分を補うことを身につけ、さらにリスニング力を高めていきましょう。

Section 20

視覚情報を介して聞きとる

　今までは主に音声情報に重点をおいてリスニングを学習してきましたが、この Section では視覚情報がリスニングに及ぼす効果を学習します。実は、伝達内容の半分以上はジェスチャー、表情や場面、その他の「言葉」以外の視覚情報を通して相手に伝えられていると言われています。

　ラジオや電話といった音声情報だけに頼るリスニングももちろんありますが、多種多様の情報化が進んだ現代においては、リスニングの際、テレビ会議や衛星放送等、音声情報だけでなく視覚を通して伝達される情報によって与えられる情報の量が以前と比較して増加する傾向があると言えるでしょう。

　「視覚情報」には、絵や写真等の静止画像の他にビデオ、テレビ、映画等の動画全般が含まれますが、この Section では、絵、写真、図表といった静止画像のみを取り扱うことにしましょう。視覚情報を使用することにより、話の内容が理解しやすくなり、内容に関する記憶を長く保つことができるようになると言われています。

　それではここで絵が、いかに効果的なものであるかを体験できる例題を2つ聞いてみましょう。

> 例題 1

(1) テープを聞いて、どんな人物か想像してみましょう。

20. 視覚情報を介して聞きとる

(2) もう一度テープを聞きながら、あてはまる人物を①〜⑦から選んでみましょう。

① ② ③
④ ⑤
⑥ ⑦

1. (　　)　2. (　　)　3. (　　)　4. (　　)

例題 2

(1) まず初めに絵を見ずにテープを聞いてください。説明されている人物がどういう姿勢であるか想像して描いてみましょう。

115

(2) 次に下の絵を見てもう一度テープを聞きながら、次の4つの絵の中からあてはまる絵を選んでみましょう。

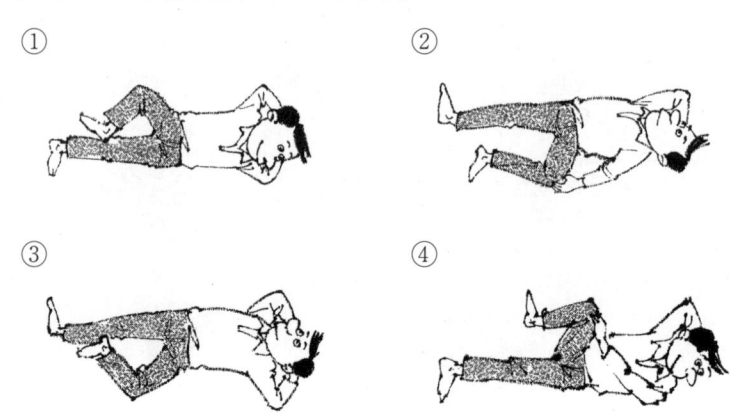

① ②

③ ④

　ここでは、たとえ聞き取れない部分があっても、挿し絵が有ることにより大きく理解の助けになることが分かるでしょう。そこで、これ以降の例題と練習問題で、視覚情報を介して聞き取る練習を実際に行なってみましょう。

例題 3

(1) まず初めに地図を見ないでテープを聞き、女性が行きたい場所とそこへの道順を、下の余白を利用してメモしてみましょう。
　　■行きたい場所：

　　■道順：

20. 視覚情報を介して聞きとる

(2) 一度聞いただけで理解できましたか？では、p.118の地図を見ながらもう一度テープを聞いて女性が行きたい場所がどこなのかその番号を答えましょう。

練習問題 1

地図を見ないでテープを聞き、男性が行きたい場所とそこへの道順を、下の余白を利用してメモしてみましょう。

■行きたい場所：

■道順：

練習問題 2

地図を見ないでテープを聞き、女性が行きたい場所とそこへの道順を、下の余白を利用してメモしてみましょう。

■行きたい場所：

■道順：

練習問題 3

では、例題でも使った下記の地図を見ながら、もう一度テープを聞き、女性と男性が行きたい場所がそれぞれどこなのか、その番号を答えましょう。

■男性が行きたい場所：

■女性が行きたい場所：

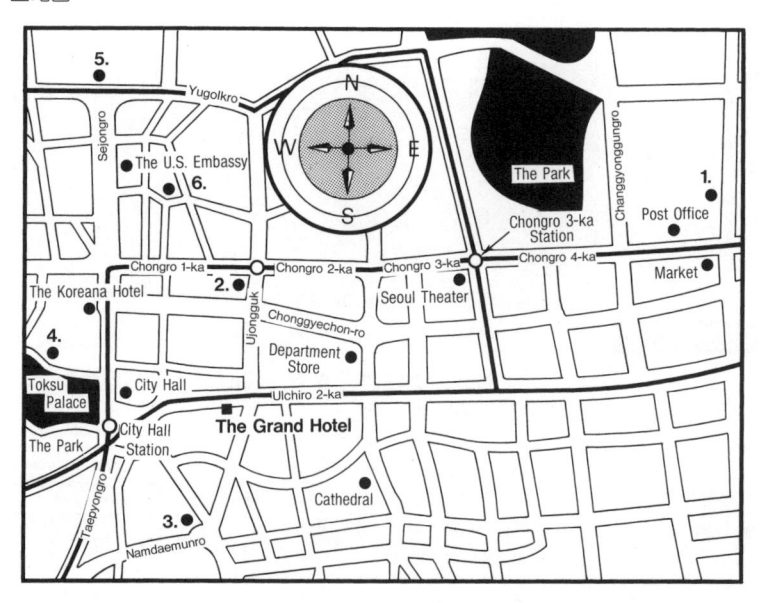

■地図

20. 視覚情報を介して聞きとる

例題 4

今からアメリカ人の労働意識調査に関する内容のテープを聞いて、該当する記号(A〜H)を選んでみましょう。

■退職後に十分な貯蓄があるか不安　　　_____

■前年にコンピューターコースを受講した　_____

■新しい技術を身につけられるか不安　　_____

■仕事に安定性を重視する　　　　　　　_____

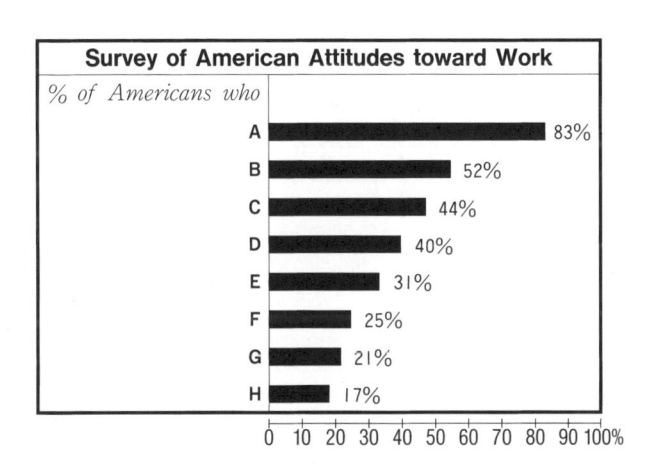

Survey of American Attitudes toward Work
% of Americans who

A	83%
B	52%
C	44%
D	40%
E	31%
F	25%
G	21%
H	17%

練習問題 4

(1) 今から「億万長者になる方法」に関する内容のテープをグラフを見ないで聞いて、最も適当な記号を一つ選んでみましょう。

1. *At what age can you be a millionaire?*
   - a. By 25 years old
   - b. By 35 years old
   - c. By 45 years old
   - d. By the time you retire

2. *What percentage of your saving do you start with?*
   - a. 5% of your income
   - b. 10% of your income
   - c. 15% of your income
   - d. As much percentage as possible

(2) 一度聞いただけで理解できましたか？では、次のグラフを見ながらもう一度テープを聞いて **(1)** の質問に答えてみましょう。

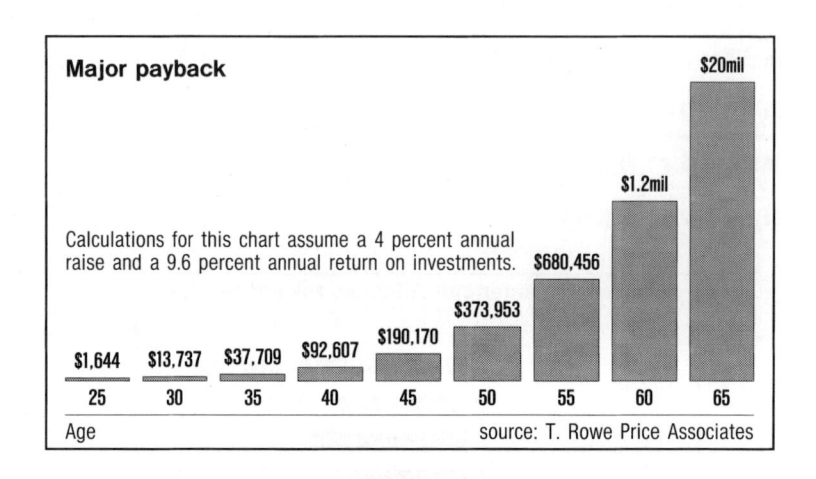

Major payback

Calculations for this chart assume a 4 percent annual raise and a 9.6 percent annual return on investments.

Age	25	30	35	40	45	50	55	60	65
	$1,644	$13,737	$37,709	$92,607	$190,170	$373,953	$680,456	$1.2mil	$20mil

source: T. Rowe Price Associates

練習問題 5

(1) 今から高齢者の一人暮らしに関する内容のテープをグラフを見ないで聞きましょう。テープの内容に合っている場合はTを、合わない場合はFと答えましょう。

1. 1970年に65歳以上の女性の10.8％が一人暮らしをしていた。　[　　]
2. 1980年に65歳以上の男性の31.9％が一人暮らしをしていた。　[　　]
3. 1990年と1992年の調査では一人暮らしをする65歳以上の人口に大きな差異があった。　[　　]

20. 視覚情報を介して聞きとる

(2) 一度聞いただけで理解できましたか？では、次のグラフを見ながらもう一度テープを聞いて上の質問に答えてみましょう。

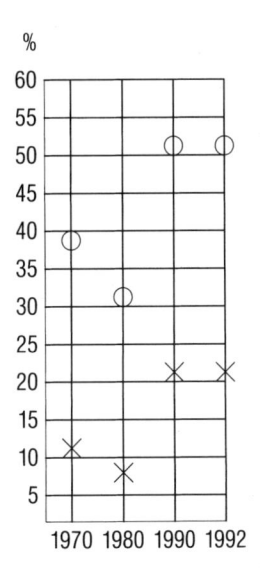

APPENDIX

得点アップのストラテジー10カ条

　英語資格試験はたいてい選択問題です。試験に臨んで、うまく選択すると実力以上の点数が得られ、不用意に選ぶと、実力以下の結果となります。答えを選ぶに際して、コツがあります。得点アップのストラテジー10カ条は次の通りです。

【放送を聞く前】
(1) 問題が放送される前に、選択肢を読んでおきましょう。質問の概略が推測できます。
(2) 放送を聞かなくても、常識的な判断で答えの選択肢を絞れる場合があります。常識を働かせましょう。

【放送を聞いている時】
(3) 分からない単語や表現が出てきても気にしないこと。全体の意味を聞き取ろうとしましょう。
(4) 集中力が大切です。次の問題が始まれば、その放送に集中しましょう。前の問題にはこだわらないこと。
(5) 正答ではないと思うものを消していきましょう。残ったものを選ぶという消去法が有効です。
(6) 求める答えであると確信できる選択肢があっても一応すべての選択肢をチェックしましょう。ケアレスミスを避けられます。
(7) 全く分からない問題であっても、ためらわず、答えを直感で選びましょう。勘が当たる場合があります。
(8) 要点は、逆説表現(but など)の後にくることが多いので、それ以後の文に注意しましょう。
(9) 放送中の表現(語句)が、正答ではない選択肢の中に含まれている場合があります。ひっかけ問題には注意しましょう。

【放送を聞いた後】
(10) 書き落としやマークのし忘れがないか、チェックしましょう。無

答個所がないようにしましょう。採点で、減点法が取られることはまずありません。

◆問題指示文の使用語彙について

　英語資格試験の問題指示文は日本語の場合もありますが、最近、英語の場合も多く、短時間にその指示内容を的確に理解することが大切です。早く、正しく、問題の答え方を把握して、実際の問題にあたることもリスニングテストに対処するコツと言えるでしょう。

　指示文によく用いられる語彙を、次に掲げます。その意味するところをしっかり覚えて、指示文の内容把握に無駄な時間は費やさないようにしましょう。

● **alternative**　「選択肢」(choice に比べ、必ず選ばなくてはいけない、と言う意味合いが強い)
　　Choose the best answer from among the four alternatives.
　　（４つの選択肢の中から最も良い答えを選びなさい。）

● **accordingly**　「(問題などに)応じて」
　　Mark the answer sheet accordingly.
　　（問題に応じて、解答用紙に印をつけなさい。）

● **approximately**　「おおよそ、約」
　　The total time for the test is approximately two hours.
　　（テストの所要時間はおおよそ２時間です。）

● **complete**　「仕上げる」
　　You will have 20 minutes to complete Part V.
　　（パートⅤの所要時間は20分です。）

● **describe**　「(言葉で)説明する」
　　Choose the statement that best describes what you see in the picture.
　　（写真に映っていることを最もよく説明している文を選びなさい。）

● **direction**　「指示」
　　There are four parts in this section, with directions for each part.
　　（このセクションでは４つのパートに分かれていて、それぞれに特別な指示がな

されます。）

● **erase** 「消す」
Erase your old answer and then mark your new answer.
（先に記した答えを消して、それから正答と思うものの答えをマークしなさい。）

● **follow** 「〜に続く」
The question will be followed by four short answers.
（質問に続いて 4 つの短い答えが与えられます。）

● **gap** 「空所」
Choose the correct word for each gap from the list on the right.
（それぞれの空所に入れるのに正しい語を右表より選びなさい。）

● **mark** 「マークする、印をつける」
Choose the best answer to each question and mark it on your answer sheet.
（それぞれの質問に最も適切な答えを選んで、解答用紙にマークしなさい。）

● **oval** 「楕円」
Fill in the space so that the letter inside the oval cannot be seen.
（楕円内の文字をていねいに塗りつぶしなさい。）

● **penalty** 「罰、減点」
There is no penalty for guessing.
（推測で答えても減点はありません。）

● **remember** 「記憶しておく」
You must listen carefully to understand and remember what is said.
（述べられたことを注意深く聞いて、理解し、記憶しておかなくてはいけません。）

● **response** 「応答」
You are to choose the best response to each question.
（それぞれの質問に対し、最も適当な応答を選びなさい。）

● **statement**
The statement will be spoken just one time.
（各文は一度しか述べられません）

APPENDIX

◆主な英語資格試験について

　現在、受験できる英語資格試験は数多くありますが、それぞれ出題形式や難易度が違います。まず、自分の目的に従って、どの試験にチャレンジするかを決めましょう。全部にチャレンジすることはまず不可能ですし、その必要もありません。当面は一つか二つに絞るのがよいでしょう。

　英語に関する資格試験は、大きく分けて次の3種類に分けることが出来ます。

a) 総合的なコミュニケーション能力を見る試験
　　（実用英語技能検定、TOEIC、国連英語検定など）
b) スペシャリストのための試験
　　（通訳案内業国家試験、旅行業英語検定など）
c) 留学のための試験
　　（TOEFL、SAT、GRE 、IELTS、CFC など）

　英語を生かした特定の職業に就きたいのであれば、「スペシャリストのための試験」、また、近くアメリカなどへ留学したいと考えているのであれば、「留学のための試験」を受けてみるのがよいでしょう。手始めに、「総合的なコミュニケーション能力をみる試験」がおすすめです。

　次に、主な「総合的なコミュニケーション能力をみる試験」と代表的な留学のための試験「TOEFL」について述べてみましょう。

＜実用英語技能検定＞

・国内の英語検定の中でもっともポピュラーなもので、年間300万人以上が受験します。
・試験問題は、日本の学校教育での英語に極めて近いため、学校で英語を学び，その実力を知るための物差しとして非常に適切なものです。
・英語力を必要とする職に就く際、自分の実力を証明する目安として効果があります。
・1級、準1級、2級、準2級、3級、4級、5級の7段階に分かれ

ています。
・リスニング問題には、どの級にも約20分の時間が割り当てられています。

■準1級
2つのパートに分かれています。Part 1 (13題)では、対話を聞き、その質問に対して、4つの選択肢の中からもっとも適切なものを選びます。Part 2 (12題)では、10行程度の文を聞いて、内容についての質問(2題)に4つの選択肢の中からもっとも適切なものを選びます。

■2級
2部に分かれています。第1部(10題)では、対話を聞き、その質問に対して、4つの選択肢の中からもっとも適切なものを選びます。第2部(10題)では、5行程度の英文を聞き、その質問に対して4つの選択肢の中からもっとも適切なものを選びます。

■準2級
3部に分かれていて、第1部は1度、第2部と第3部は2度読まれます。第1部(5題)では、対話を聞き、その最後の文に対する応答としてもっとも適切なものを4つの選択肢の中から選びます。第2部(5題)では、対話を聞き、その質問に対して4つの選択肢の中からもっとも適切なものを選びます。第3部(10題)では、5行程度の英文を聞き、その質問に対して4つの選択肢の中からもっとも適切なものを選びます。

＜TOEIC (TEST OF ENGLISH FOR INTERNATIONAL COMMUNICATION)＞
・コミュニケーション能力を客観的に測定するテストとして、知名度が高く、世界規模で実施されています。
・日本の一般企業の間でも定着し、採用試験や人事異動の参考資料として幅広く活用されています。企業が期待するスコアは大学卒業の新入社員で400〜500点で、就職の際にアピールするには少なくとも500点は必要です。
・問題は、リーディング100問、リスニング100問の200問で、所要時間は2時間です。

- リスニング問題(100問を45分で解答)は，次の4つのパートに分かれています。

    Part 1　写真描写問題(20問)
    示された写真について4つの選択肢が読まれ、もっとも適当なものを選びます。

    Part 2　応答問題(30問)
    A-B-Aの順で2人の短い会話が流れ、続いてその内容に関する質問と選択肢が3つ読まれ、もっとも適当なものを選びます。

    Part 3　会話問題(30問)
    A-B-Aの順で2人の短い会話が流れます。問題と4つの選択肢が問題用紙に印刷されており、もっとも適切と思われるものを選びます。

    Part 4　説明問題(20問)
    アナウンスやスピーチなど、ある場面についてナレーションが流れます。問題用紙に印刷された、その内容に関する質問と選択肢を読んで、もっとも適切と思われるものを選びます。

<国連英検(国際連合公用語・英語検定試験)>
- 外国語を駆使して国際人として活躍できる能力と常識などを、どの程度身に付けているかをテストします。
- 国連に対する一般的理解を深めることも重要な目標です。
- 英語で出題されている問題にすべて英語で解答します。
- B級以上の受験者には、"A Concise Guide to the United Nations " が必読書となっています。
- レベルは、特A級、A級、B級、C級、D級、E級まで6段階に分かれています。

<商業英語(国際ビジネスコミュニケーション)検定>
- 商談のための会話能力のみならず、ファックスやテレックスで交信するための通信文作成能力も要求されます。

・AクラスからDクラスまでの4つのレベルがあって、実務で生かすためにはBクラス以上が望ましいでしょう。ちなみに、Aクラスは「大学卒業実務歴2年以上」、Bクラスは「大学卒業程度」です。
・問題は、すべて記述式で、英文解釈、英作文、Listening Comprehension、貿易実務問題などです。

＜ケンブリッジ大学英語検定＞
・英語を母国語としない人々を対象に国際的な基準でコミュニケーション能力を判定する試験です。
・日本を含め、世界130数カ国で実施され、毎年、35万人以上が受験します。
・海外や国内の外資系企業によく知られており、ヨーロッパ系の企業においてはかなりの効力があります。
・レベルは、特級、1級、準1級、2級、3級の5段階に分かれていて、級別に試験が行われます。

＜国際英検（G-TELP）＞
・英語を外国語として学ぶ人を対象に、全世界の共通テストとして開発されたものです。
・内容は、コミュニケーションの手段としての英語力を審査します。
・Grammar, Listening, Vocabulary & Reading の3部構成となっています。
・スコアレポートがかなり詳細に出され、各セクションごとの達成度がパーセンテージで表示されます。
・将来的にアメリカでは、TOEFL に代わって、留学希望者の入学判定基準として導入する大学が増える傾向にあります。

＜TOEFL（TEST OF ENGLISH AS FOREIGN LANGUAGE）＞
・英語を母国語としない人が、英語圏の大学などで講義を受けて理解できる英語力を有しているかを確認するためのテストです。
・アメリカやカナダにあるほとんどの大学が留学希望者に課していて、2年制のコミュニティカレッジでは400〜500点、大学では550点以上、大学院では普通600点以上のスコアを求められています。

＜英語検定試験難易度比較表＞

TOEFL	英検	通訳案内業	通訳検定	商業英語	国連英検	TOEIC	G-TELP
670-679							
660-669							
650-659							
640-649			1級		特A級		レベル1
630-639		合格				Aレベル 860-990	
620-629							
610-619							
600-609	1級			Aクラス	A級		
590-599			2級				
580-589							
570-579						Bレベル 730-859	
560-569							
550-559				Bクラス			
540-549					B級		レベル2
530-539	準1級						
520-529							
510-519							
500-509			3級			Cレベル 470-729	
490-499							
480-489	2級			Cクラス			
470-479							
460-469							レベル3
450-459							
440-449	準2級				C級		
430-439				Dクラス			
420-429			4級				
410-419							
400-409	3級						
390-399							
380-389							

大学英語教育学会（JACET）関西支部
リスニングテスト研究会
　代表　杉森　幹彦

上田　　眞理砂（立命館大学）
大塚　　朝美（大阪女学院短期大学特任講師）
加賀田　哲也（大阪商業大学）
河内山　真理（関西国際大学）
小山　　由紀江（長岡技術科学大学）
斉藤　　裕巳（近畿大学非常勤講師）
佐々木　緑（関西国際大学短期大学部）
杉森　　幹彦（立命館大学）
髙橋　　寿夫（関西大学）
津村　　修志（大阪成蹊女子短期大学）
中田　　賀之（姫路日ノ本短期大学）
原田　　曜子（関西外国語大学非常勤講師）
平尾　　節子（愛知大学）
北條　　和明（京都産業大学）

英語のリスニングストラテジー
― 効果的な学び方の要点と演習 ―
Skills to Become a Better Listener

2000年1月20日　初版発行
2019年2月28日　重版発行

著　者　　JACET関西支部
　　　　　リスニングテスト研究会
発行者　　福　岡　正　人
発行所　　株式会社　金　星　堂
（〒101-0051）東京都千代田区神田神保町3-21
Tel. 営業部(03)3263-3828　編集部(03)3263-3997　Fax. (03)3263-0716
E-mail: 営業部 text@kinseido-do.co.jp

印刷所／倉敷印刷　製本所／松島製本　1-11-3719
落丁・乱丁本はお取り替えいたします

ISBN978-4-7647-3719-8　C1082